EXTREM BASTELN

INHALTSVERZEICHNIS

RACING STARS

- 08 Volldampf!
- 10 Pimp my bike
- 11 Speichenwürmer
- 12 Intergalaktisches Flugobjekt
- 14 Hufeisentapsen
- 16 Tütendrache
- 18 Fang mich doch!
- 21 Joghurtjolle

MÄDCHENKRAM

- 54 Waldläufergeschmeide
- 56 Outdoortraumfänger
- 58 Magisches Licht
- 59 Calamity Jane
- 60 Hoppsassa
- 62 Fang die Sonne ein!
- 64 Voll auf die 12!
- 65 Knochenmann

ABER NATÜRLICH!

- 24 Wurmwunder
- 27 Naturdiashow
- 28 Parfümerie
- 29 Wurzelkraft
- 30 Tierische Trophäe
- 32 Schrumpfkopf
- 33 Doppelt schön
- 34 Moostattoo
- 36 Sandburgenparadies
- 38 Blühattacke
- 39 Miese Tricks

MÄNNERSACHE!

- 68 Hippe Helmzier
- 69 Expelliarmus!
- 70 Baseball for kids
- 72 Keine Mädchen!
- 74 Nacht-Pois
- 76 Schepper & Tröt
- 77 Kriegsbemalung
- 78 Monsterschleim
- 79 Fischmumie
- 80 Gib alles!
- 82 Feel the beat!

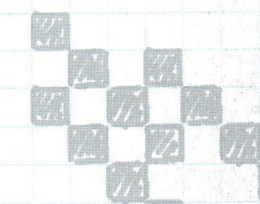

FEUER FREI!

- 42 Wasser marsch!
- 44 Jetzt gibt's Saures!
- 46 Angriff der Schaumgummis
- 48 Hau drauf!
- 50 Flipshooter

IST DAS KUNST ODER KANN DAS WEG?

- 86 Bis es spritzt!
- 88 Villa Kunterbunt
- 90 Kritzelkreide
- 92 Modedesign
- 94 Versalzen?
- 95 Einfach ätzend!
- 96 Drachenschwänze
- 98 Einfallspinsel
- 100 Pappburg für Großstadtritter
- 102 Wenn du wüsstest!
- 103 Ab an die Hecke!

CRASH, BOOM, BANG!

- 106 Ätnaexplosion
- 109 Schwerelos
- 110 Nicht lange fackeln
- 112 Huihuihui!
- 114 Marsmission
- 116 Knallfrosch
- 117 Flammen-Inferno
- 118 Ist mir schlecht!
- 120 Kampf der Elemente

122 Vorlagen
132 Impressum

Mit diesem Symbol sind extrem gefährliche Modelle gekennzeichnet, für die du einen erwachsenen Assistenten benötigst.

NICHTS FÜR COUCHPOTATOES!

Ob Männersache oder Mädchenkram, in diesem Buch findest du alles, was knallt, schäumt, scheppert, fliegt und fährt.

Wenn das Projekt mal knifflig ist oder du gefährliche Werkzeuge benötigst, dann solltest du dir einen erwachsenen Assistenten suchen. Dieser Gehilfe ist auch für das Zünden von Raketentriebwerken und Ähnlichem zuständig… Manchmal ist es gut, wenn deine ganze Bande zusammenarbeitet, fast alles solltest du draußen bauen und natürlich nicht im Abendkleid: Wilde Extrembastler tragen Schutzkleidung, die auch mal richtig dreckig werden darf.

Wer Raketen, Vulkane, Monsterschleim und Zitronenkanonen cool findet, wird dieses Buch höchstens zum Kleben kurz aus der Hand legen können!

Also, warum zögerst du noch? Los geht's!

VOLLDAMPF!

Orientalisches Dampfboot

Das brauchst du
- Balsaholz, 8 mm stark, 10 cm × 20 cm
- Wellpappereste, 2 cm × 17 cm und 7 cm × 8 cm
- 13 Mosaiksteine in Gelb, 5 mm × 5 mm × 3 mm
- 10 Mosaiksteine in Weinrot und Türkis, 5 mm × 5 mm × 3 mm
- Messing- oder Kupferrohr, ø 4 mm, 35 cm lang
- 7 Stöcke, ø 5 mm, 7 cm lang
- 2 Modellfiguren, 3,5 cm hoch
- 2 Stück Baumrinde, 10 cm × 2 cm
- 11 kleine Muscheln, Muschel, ø 1 cm
- Acrylfarbe in Granatrot
- Fundstücke als Fracht
- Teelicht in Rot
- Sprühlack in Klar

Hilfsmittel
- UHU Alleskleber SUPER strong & safe
- Pinsel
- Cutter und Schneideunterlage
- Lineal
- Nagel
- Rohr, ø 2 cm

Vorlage
Seite 122

Schwierigkeitsgrad
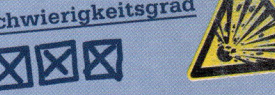

Dein Dampfer ist ein Put-Put-Boot. Der Dampfantrieb funktioniert, weil der Wasserdampf ein tausendfach größeres Volumen als das ursprüngliche Wasser einnimmt: Die Flamme erhitzt das Wasser zu Wasserdampf und der benötigt mehr Platz, sodass ein hoher Druck im Rohr entsteht. Dieser Druck lässt das Wasser im Rohr durch den Auspuff stoßartig entweichen. Am kühleren Ende des Rohres kondensiert ein Teil des Wasserdampfs. Da sich nun das Volumen verringert, entsteht ein Unterdruck, der dafür sorgt, dass neues Wasser angesaugt wird: Das Boot bewegt sich vorwärts!

Hoppla, was war das?

So geht's:

1 Extrem cooles Lastenboot: Übertrage die Vorlage auf dein Balsaholz und schneide mithilfe eines Cutters die Bootsform aus. Bitte einen **Erwachsenen**, dir zu assistieren. Die Grundform mit Acrylfarbe in Granatrot bemalen und mit Mattlack versiegeln. **a**

2 An den in der Vorlage angezeichneten Punkten mit Hammer und Nagel Löcher vorstanzen. Die Kerbe für die Kabine ebenfalls vorritzen. Befestige in den Löchern fünf Stöcke, die du dir in der Natur gesucht hast. Die Wellpappe mit ein bisschen Kraft in das Balsaholz drücken. Nun das Dach aus Wellpappe zuschneiden und mit fünf Löchern versehen. Die Wellpappe auf die Stöcke setzen, sodass du ein zweites Deck erhältst. **b**

3 Dein Boot kannst du nun nach Belieben mit Mosaiksteinen, Muscheln, Rinde und Moos verzieren. Modellfiguren machen sich wunderbar als Passagiere. **c**

4 Was noch fehlt, ist der Antrieb: Aus dem Messingrohr wird mithilfe eines größeren Rohrstücks eine Doppelschlaufe gebogen. Ein Ende des Rohres musst du dazu fixieren, sonst knickt das Röhrchen ein (evtl. zusätzlich mit feinem Sand befüllen). Die Spirale bringst du am Boot an, sodass die Windungen direkt über dem Kerzenlicht positioniert sind. Die Auspuffrohre werden durch zwei Löcher im Balsaholz geschoben und müssen bis ins Wasser reichen. Dein Boot ist betriebsbereit wenn das Röhrchen mit Wasser gefüllt ist. Dazu das Boot ins Wasser setzen und das Wasser ansaugen. **d**

5 Nun kannst du das Teelicht anzünden! Ahoi! (Wenn das Boot nach zwei Minuten wider Erwarten noch nicht fahren sollte, musst du für mehr Hitze sorgen und die Spirale mit Silberpapier einwickeln). **e**

PIMP MY BIKE

Lärmtrommel

Das brauchst du
- leere Thunfischkonserve ohne Deckel, ø ca. 8,5 cm
- Hartholz, 6 mm stark, 6,5 cm × 6,5 cm
- Tonpapierrest in Rot
- Moosgummirest in Gelb
- Draht, ø 1 mm, 2 m lang
- Zinnblech, ca. 2,5 cm × 16 cm
- Schraube und Mutter, ø 5 mm
- Stempelfarbe in Silber
- Haushaltsgummi
- Reißzwecke

Hilfsmittel
- UHU Kleber für Moosgummi & flexible Materialien
- UHU Alleskleber
- Akkuschrauber
- Metallbohrer, ø 3 mm, 4 mm, 5 mm und 10 mm
- Metallsäge
- Zange

Vorlage
Seite 130

Schwierigkeitsgrad
☒☒☒

So geht's:

1 Bitte einen **Erwachsenen**, dir zu assistieren! Bohre mit dem 10 mm Metallbohrer ein Loch in die Seitenwand der Konservendose. Das wird das Loch für den Trommelstab, den du dir auf 6,5 cm Länge aus Hartholz zurechtsägst. Bohre nun jeweils oben und unten in die Thunfischdose zwei Löcher mit einem 4 mm Metallbohrer. **a**

2 Spanne ein Haushaltsgummi zwischen die vier Löcher. Damit der Gummi nicht ausreist, kaschierst du das Loch mit etwas Papier. Stecke nun den Holzstab in das 10 mm große Loch. Dabei sollte der eine Strang des Haushaltsgummis über und der andere unter dem Holzstab liegen. Mit Draht fixieren. **b+c**

3 Jetzt darf dein **erwachsener Assistent** dir helfen: Bohre zwischen dem 10 mm großen Loch und den Löchern für das Gummiband ein Loch, ø 3 mm. Befestige eine Reißzwecke an dem Hartholzstab. Nun führst du von außen einen Draht durch das neue Loch und wickelst ihn um die Reißzwecke. **d**

4 Wenn du deine Fahrradtrommel noch verschönern möchtest, schneidest du Blitze und Sterne aus Tonpapier und Moosgummi aus und klebst sie auf die Trommel. Den Used-Look kreierst du, indem du einfach mit silberner Stempelfarbe auf das Tonpapier tupfst.

a

b

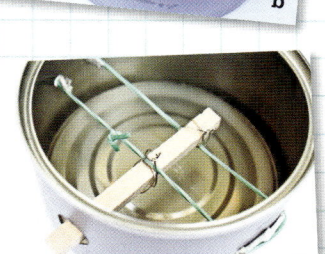
c

d

5 Die Fahrradtrommel muss nun am Fahrrad befestigt werden. Du musst dir ein letztes Mal helfen lassen: Du benötigst noch ein 5 mm-Loch zwischen dem 3 mm- und dem 10 mm-Loch. Schneide dir ein Zinnblech, 2,5 cm × 16 cm, zurecht und biege es um die linke vordere Radgabel. Lass dir auch gleich ein 5 mm-Loch durch beide Enden des Zinnbleches bohren, damit du dort die Schraube durchstecken kannst. Auf die Schraube steckst du die Fahrradtrommel und befestigst im Inneren der Trommel eine Mutter. Die Trommel zeigt mit dem Inneren in Fahrtrichtung. Befestige den Draht am Lenker – und ab geht die heiße Fahrt! **e**

e

SPEICHENWÜRMER
Fahrraddeko

Das brauchst du
- 8 Moosgummibälle in Beige, ø 4 cm
- 3 Moosgummibälle in Pink, ø 4 cm
- Acrylfarbe in Türkis und Hellgrün
- 22 Wackelaugen, ø 1 cm
- 25 Stück Chenilledraht gemustert, ø 9 mm, 30 cm lang

Hilfsmittel
- UHU Alleskleber
- Cutter
- Pinsel
- Rundholzstäbe

Schwierigkeitsgrad
☒ ☐ ☐

So geht's:

1 Nimm dir elf Moosgummibälle und schneide sie mithilfe eines Cutters bis zur Mitte ein. Vorsicht – nicht durchschneiden! **a**

2 Stecke die Bälle auf Holzstäbe und male sie mithilfe von Pinsel und Acrylfarbe in Türkis und Hellgrün an. (Es gibt auch bereits gefärbte Moosgummibälle im Handel). Die angemalten Bälle gut durchtrocknen lassen, das dauert ungefähr eine Stunde. Danach kannst du den Bällen Wackelaugen aufkleben.

3 Nun kannst du die Bälle an deine Fahrradspeichen stecken. Verteile die elf Bälle schön gleichmäßig auf beiden Rädern. Den Chenilledraht in den unterschiedlichen Farben einfach um die Speichen wickeln, um die Wurmkörper zu gestalten. Da macht die Fahrradtour doch gleich viel mehr Spaß! **b**

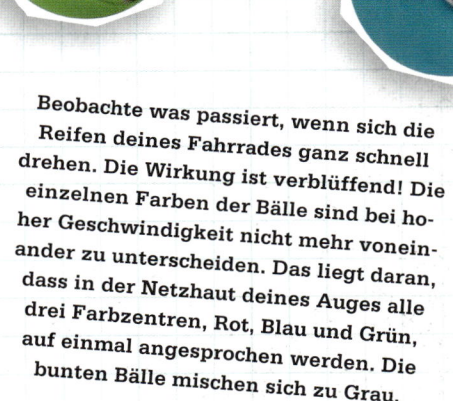

Beobachte was passiert, wenn sich die Reifen deines Fahrrades ganz schnell drehen. Die Wirkung ist verblüffend! Die einzelnen Farben der Bälle sind bei hoher Geschwindigkeit nicht mehr voneinander zu unterscheiden. Das liegt daran, dass in der Netzhaut deines Auges alle drei Farbzentren, Rot, Blau und Grün, auf einmal angesprochen werden. Die bunten Bälle mischen sich zu Grau.

INTERGALAKTISCHES FLUGOBJEKT

Ufofrisbee

Das brauchst du
- Karton in Grau, 2 mm stark, ø 31 cm
- Karton in Neonorange, 50 cm × 70 cm
- alte Plastikschüssel, ø 14 cm
- Polystrolkugel, ø 5 cm
- Naturkordel, ø 1 cm, 1 m lang
- Moosgummi in Mint, 2 mm stark, 10 cm × 21 cm
- Motivkarton in Spiegeloptik, 15 cm × 15 cm
- Acrylfarbe in Grün, Türkis und Sonnengelb
- Motivstanzer „Sonne", ø 1,5 cm
- Wattekugel, ø 1 cm
- Zahnstocher

Hilfsmittel
- UHU Glitter-Glue in Lila
- UHU creativ für Moosgummi und flexible Materialien
- UHU Alleskleber SUPER strong & safe
- Zirkel
- Cutter und Schneidunterlage
- Pinsel
- Klammern
- Nagelschere

Vorlage
Seite 124

Schwierigkeitsgrad
☒☒☒

So geht's:

1 Nur für Sportskanonen! Schneide aus starkem Karton einen Kreis mit einem Durchmesser von 31 cm aus. Beklebe den Kreis beidseitig mit dem Neonkarton, das ist die Raumschifftragfläche. **a**

2 Nun schneidest du vier große Spiralen aus dem Spiegelkarton und acht kleine aus dem mintfarbenen Moosgummi aus. Besonders gut geht das mithilfe einer Nagelschere. Klebe vier Moosgummikringel auf jeweils eine Spiegelkartonspirale. Verziere mit den Spiralen deine neonfarbene Wurfscheibe.

3 Du benötigst eine leichte, alte Plastikschüssel als Ufokommandozentrale. Notfalls geht auch ein leerer flacher Joghurtbecher. Dein Plastikgefäß mit Acrylfarbe in Türkis anmalen. Mit ausgestanzten Sonnen bekleben und als Ausstiegsluke ein Stück Neonkarton ausschneiden und aufkleben. **b+c**

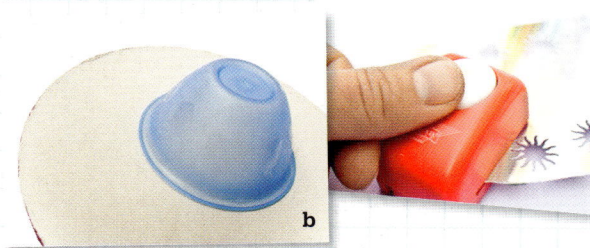

4 Mithilfe eines Cutters eine Polystrolkugel teilen und mit sonnengelber Acrylfarbe bemalen. Diese oben auf die Plastikschüssel kleben. Für eine tolle Antenne kannst du noch eine Wattekugel mit grüner Acrylfarbe bemalen und mit einem Zahnstocher in die Polystrolhalbkugel stechen. Abschließend noch den intergalaktischen Glitzerkleber als Rand ums Türchen, am unteren Rand der Kommandozentrale und den unteren Rand der Polystrolkugel auftragen, die Plastikschüssel mithilfe von starkem Alleskleber auf das Frisbee aufkleben.

5 Abschließend klebst du die Kordel rund um deine Pluto-Scheibe, schon ist dein Ufo startklar für die Reise durch unendliche Weiten. d

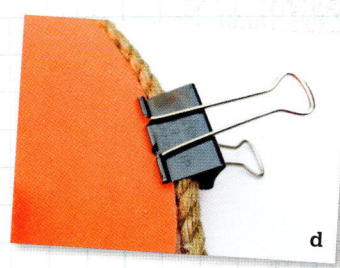

d

Du musst deine Pluto-Scheibe waagerecht zwischen beiden Händen halten und sie nach vorn wegwerfen. Wenn du das Frisbee wirfst, fliegt es eine Weile fast gerade in der Luft bevor es zu Boden gleitet. Der Außenrand muss recht schwer sein, damit das Ufo stabil fliegt. Befestige also dort eine relativ schwere Kordel.

HUFEISENTAPSEN

Pferdespuren im Matsch

So geht's:

1 Pferdefreunde aufgepasst! Beginne damit, die Form des Hufeisens auf das Kiefernholz zu übertragen. Gib zwei Zentimeter Rand dazu, am hinteren Ende kann es auch mehr sein. **a**

2 Zum Bau der Hufeisentapsen benötigst du die Hilfe eines **Erwachsenen**: Dieser sollte die Grundplatte mit einer Stichsäge zweimal aus dem Kiefernholz aussägen. Mit Schleifpapier kannst du die Platten ein wenig abschleifen und die Kanten abrunden. **b+c**

Das brauchst du
- Kiefernholz, 1,8 cm stark, 18 cm × 32 cm
- 2 Hufeisen, 14 cm × 14 cm
- Acrylfarbe in Terrakotta
- 4 Schrauben, ø 1 cm, 2 cm lang
- 8 Nägel, ø 3 mm, 2 cm lang
- 2 Schrauben, ø 8 mm, 2 cm lang
- Sisalband, ø 5 mm, 4 m lang
- Sprühlack in Transparent
- 10 Soft-Aufkleber „Stern" in Blautönen, ø 0,5 cm

Hilfsmittel
- Bleistift
- Schleifpapier
- Stichsäge
- Brandmalkolben mit Stern-Aufsatz
- Akkuschrauber
- Bohrer, ø 6 mm
- Hammer

Vorlage
Seite 128

Schwierigkeitsgrad
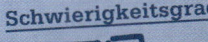  

3 Die Tapsen mithilfe eines Pinsels mit Acrylfarbe in Terrakotta anmalen. Alles gut durchtrocknen lassen.

4 Nimm nun den Brandmalkolben mit dem Stern-Aufsatz zur Hand und brenne viele einzelne Sterne in die Hufeisentapsen. Vorsicht, auf die Finger achtgeben!

5 Die Hufeisen werden mithilfe von jeweils acht Nägeln fixiert. Außerdem noch zwei Schrauben durch die Hufeisen ins Kiefernholz drehen. **d**

6 Schneide die Sisalschnur in zwei 2 m lange Stücke. Rechts und links bohrst du mithilfe eines Akkuschraubers und einem Bohraufsatz von 6 mm Durchmesser jeweils ein Loch in die Tapse. Dort die Sisalschnur mit einer Schraube fixieren. **e**

7 Abschließend musst du die Hufeisentapsen noch mit Klarlack einsprühen damit sie auch bei Regen wetterfest sind. Nun auf die Hufeisentapsen draufstellen, die Schnüre in die Hand nehmen und lostraben. Auf geht der Ritt über Stock und Stein! **f**

Wenn du die Hufeisentapsen auf Kopfsteinpflaster ausprobierst und die Augen schließt, hört es sich an, als ob ein echtes Pferd mit Reiter vorbeikommt. Du kannst mit den Tapsen auch drucken: Male die Hufeisen an, um damit farbige Abdrücke auf deinem T-Shirt zu hinterlassen. Dann kannst du allen deinen Freunden erzählen, du wärst unters Pferd gekommen, hättest es aber dank deiner Superheldenkräfte gut überstanden!

TÜTENDRACHE

Flugqualle voraus!

Das brauchst du
- Peddigrohr rund, ø 2 mm, 12 m lang
- Schwerlast Mülltüte in Blau, 120 l
- Drachenschnur mit Haspel
- Tonzeichenpapier in Weiß
- Tonzeichenpapier in Rot
- Permanentmarker in Schwarz
- Krepppapier in Türkis, 5 m lang
- Krepppapier in Lila und Rot, 2 m lang
- Klebefilm

Hilfsmittel
- UHU Stick Kraftkleber
- Wasser
- Bürohefter
- Schere

Vorlage
Seite 126

Schwierigkeitsgrad

Augen auf beim Shopping! Frag mal im Kaufhaus nach einer Riesentüte – oft gibt es die zum Beispiel in der Sport- oder Bettenabteilung. Diese Tüten sind meist hübsch bunt bedruckt und sehr stabil. So kannst du schnell einen bunten Drachen bauen – oder einen Schmetterling, je nachdem, was für ein Grundgerüst du aus dem Peddigrohr flichtst.

So geht's:

1 Quallenalarm! Du möchtest eine Drachenqualle – und hast zufällig einen Müllsack zur Hand? Nichts leichter als das: Nimm dir das Peddigrohr und weiche es für ungefähr eine Stunde in Wasser ein, damit es schön biegsam wird. Dann schneidest du es in kürzere Stücke und verdrehst immer zwei bis drei Stränge miteinander. **a**

2 Bau dir aus den Strängen ein Grundgerüst. Die gekreuzten Stellen mit Klebefilm umwickeln. Markiere die Umrisse deines Grundgerüsts auf der Mülltüte. Schneide die Mülltüte mit einer Nahtzugabe von 5 cm großzügig aus. **b**

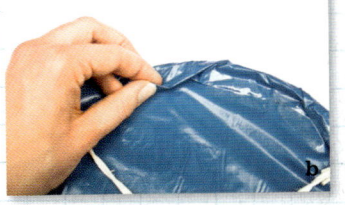

3 Klappe die Tüte nun stückweise nach innen über das Peddigrohrgerüst und fixiere die umgeklappten Teile wieder mit Klebefilm. So verfährst du rundherum bis die Ränder alle eingeklappt sind. Fixiere das Grundgerüst überall mit Klebefilm. **c**

4 Schneide das Krepppapierband in Stücke von 1 m Länge und 5 cm Breite und hefte diese unten an die Drachenqualle. **d**

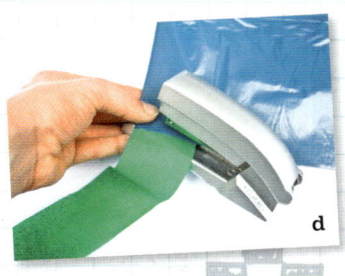

5 Male das Gesicht auf und klebe Augen und Zunge aus Tonpapier auf.

6 Jetzt bohrst du mit einer Schere kleine Löcher in die Mülltüte. Alle am mittleren Gerüststrang, eines oberhalb der Augen und eines unterhalb des Mundes. Durch diese kleinen Löcher fädelst du die Drachenschnur und machst jeweils einen Knoten. Am leichtesten ist es, wenn du dir je ein 40 cm Stück Schnur abschneidest, durchfädelst, verknotest und die beiden Schnurstücke dann wieder mit der langen Schnur an der Haspel verbindest.

7 Geh bei windigem Herbstwetter auf ein freies Feld ohne Strommasten… Vielleicht musst du ein bisschen rennen, um den Drachen zu starten. Huiii! e

FANG MICH DOCH!

Mausefallenflitzer

Das brauchst du
- Mausefalle
- starkes Garn, 1 m lang
- 4 CD-Rohlinge
- Nähmaschinenspulen, ø 2,1 cm
- 4 Motivkartonkreise, 270 g/m², ø 12 cm
- Rundholzstab, ø 5 mm, 32 cm lang
- Balsaholz, 2 cm × 45 cm × 4 cm
- Balsaholz, 1 cm × 31 cm × 8 cm
- Aluminiumrohr, ø 4 mm, 31 cm lang
- 12 Muttern, ø (innen) 5 mm
- Acrylfarbe in Hellgrün
- Kabelbinder
- 4 Wattekugeln, ø 1,5 cm
- Acrylfarbe in Metallic-Kupfer
- Wellpappe in Cremeweiß, 50 cm × 70 cm
- Motivkartonreste in Spiegeloptik
- Tonpapierreste in Blau, Türkis und Rot
- Stempelfarbe in Silber

Hilfsmittel
- Bohrmaschine
- Säge oder Cutter
- Zange
- Pinsel
- Schere
- UHU Holzleim
- UHU Alleskleber

Vorlage
Seite 128

Schwierigkeitsgrad

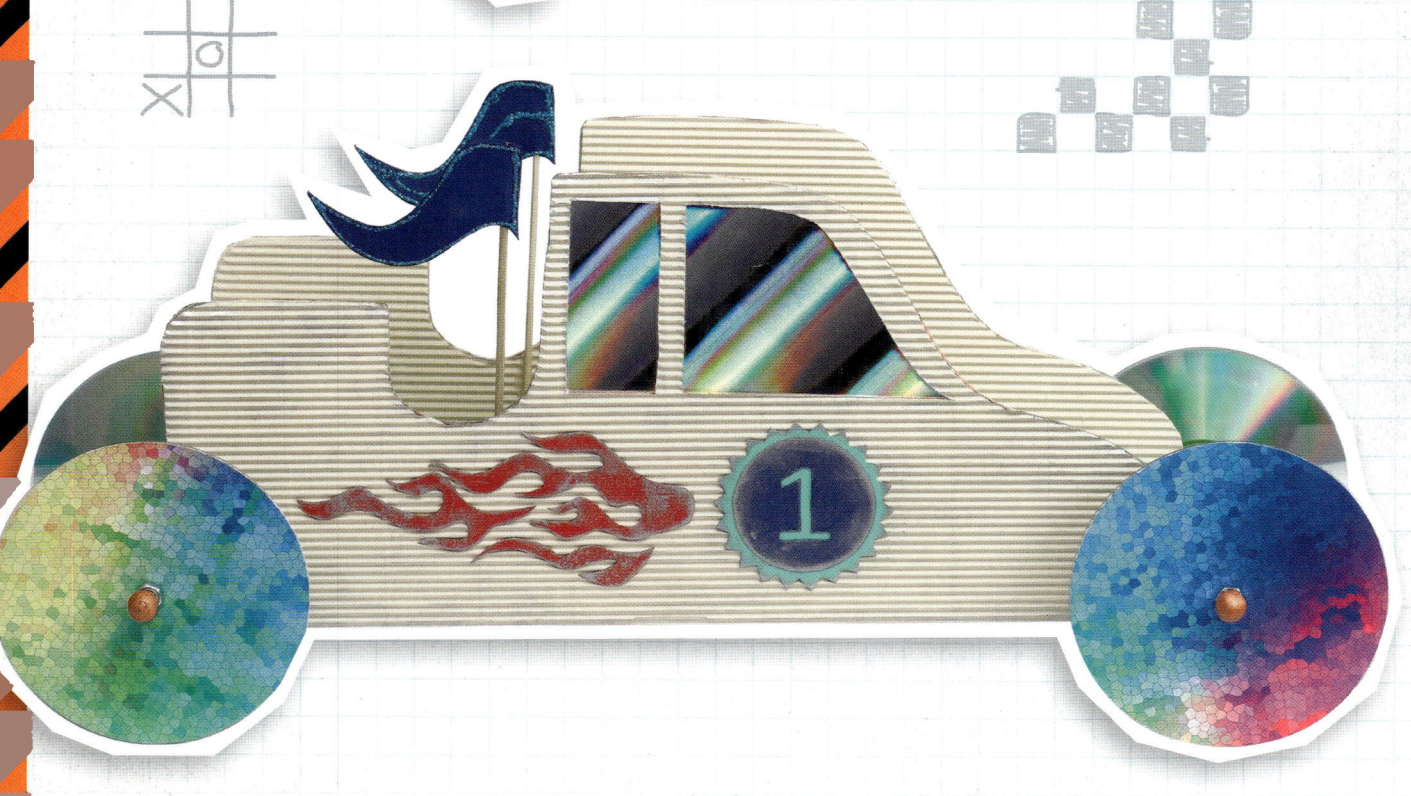

So geht's:

1 Klebe auf die vier CD-Rohlinge jeweils mittig eine Nähmaschinenspule auf und beklebe die CDs mit Motivpapier. Schon hast du die Räder deines Mausefallenautos. **a**

2 Dann beginnst du damit, die drei Balsaholzteile nach Vorlage auszusägen. Man kann das Holz auch vorsichtig mit dem Cutter schneiden, lass dir aber in jedem Fall dabei von einem **Erwachsenen** helfen. **b**

3 An den äußeren Enden der Seitenwände, jeweils 2 cm vom Außenrand entfernt, bohrst du ein Loch, ø 5 mm. In diese Löcher kommen später die Achsen des Autos.

4 Die Achsen fertigst du nach der Vorlagenzeichnung an, indem du mithilfe einer Zange die Muttern auf die Rundholzstäbe aufdrehst. Dabei erst eine Seite mit zwei Muttern bestücken, dann die Achse durch die Löcher der Seitenwände schieben, dann die zweite Seite bearbeiten. Nun schiebst du die Räder über die Stäbe und befestigst an den äußeren Seiten jeweils eine Mutter, um die Räder zu fixieren. **c**

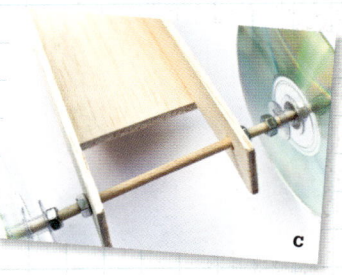

5 Wenn du möchtest kannst du das Balsaholz mit hellgrüner Acrylfarbe bemalen. An die Enden der Rundholzstäbe, die aus den Rädern schauen, jeweils eine mit Acrylfarbe in Metallic-Kupfer bemalte Wattekugel kleben.

6 Jetzt kommt die Mausefalle ins Spiel! Zerschneide den Bügel der Falle. **d** Entferne den hinteren Bügel der Falle und befestige ihn mithilfe von starkem Alleskleber in einem Ende des Aluminiumrohrs. **e** Das andere Ende schiebst du über den freien Arm der Mausefalle. An der Metallschlaufe des eingeklebten Bügels befestigst du einen Faden von 1 m Länge. Die gesamte Konstruktion mithilfe von Holzleim am Mausefallenauto ankleben. **f**

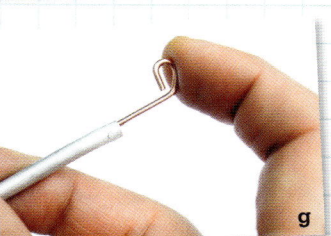
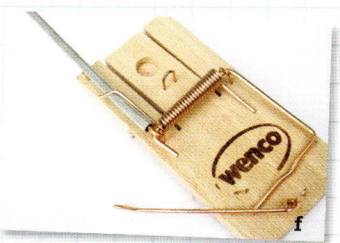
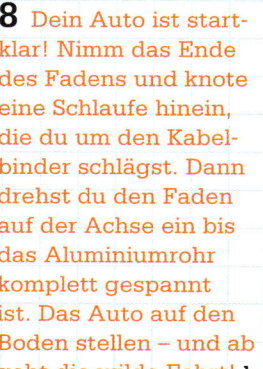

7 An der Achse der fallenfreien Vorderseite des Mausefallenautos bringst du einen Kabelbinder an und schneidest das überstehende Plastik ab. **g**

8 Dein Auto ist startklar! Nimm das Ende des Fadens und knote eine Schlaufe hinein, die du um den Kabelbinder schlägst. Dann drehst du den Faden auf der Achse ein bis das Aluminiumrohr komplett gespannt ist. Das Auto auf den Boden stellen – und ab geht die wilde Fahrt! **h**

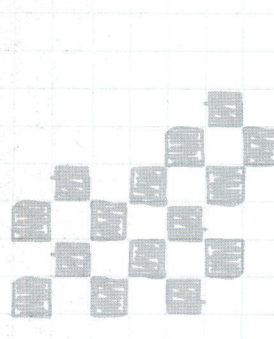

Durch den relativ langen Hebel (Aluminiumrohr) hat der Faden eine lange Strecke zum Abrollen. Für Streckenrekorde benötigst du also einen möglichst langen Hebel!

9 Wenn du dem Mausefallenauto eine Karosserie basteln möchtest, kannst du abschließend vier Wellpappestücke nach der Vorlage auf Seite 128 ausschneiden und jeweils zwei davon aneinander kleben. Dort, wo sich die Fenster befinden, klebst du den Motivkarton mit Spiegeloptik ein. Danach schneidest du die Flammen, die Fahne und die Wagennummer aus Tonpapierresten aus. An den Rändern betupfst du das Papier mit Stempelfarbe in Silber und klebst dann deine Verzierungen auf die Pappelemente. Das Wettrennen kann jetzt starten. Drei – zwei – eins – los geht's! **i**

JOGHURTJOLLE

seetüchtiger Kreuzer

So geht's:

1 Bereit für eine Regatta? Trinke ein bis zwei Trinkjoghurts leer und wasche die Flaschen anschließend gut aus. Schilder und Banderolen reißt du ab.

2 Raus mit dir: Lege deine Arbeitsfläche mit Zeitung aus. Raue deine Plastikflasche mit Schmirgelpapier an und sprühe die Flaschen mit rotlilaner und ockerfarbener Sprühfarbe an. Stülpe die Flaschen kopfüber auf Holzstäbe und stelle diese zum Trocknen in ein Glas. **a+b**

Das brauchst du
- 16 Eisstiele
- zwei Spielfiguren
- Tonzeichenpapier in Blau, 14 cm × 16 cm
- Schaschlikspieße, 20 cm lang
- 4 Heftklammern
- 2 Joghurtflaschen
- Sprühfarbe in Rotlila
- Sprühfarbe in Ocker
- 2 X-Gummis in Grün und Lila, ø 65 mm
- Soft-Aufkleber „Stern" in Blautönen, ø 0,5-1cm
- 2 Musterklammern in Blumenform
- Papierdraht in Orange, ca. 6 cm
- Permanentmarker in Schwarz

Hilfsmittel
- UHU Allplast
- Schere
- Bürohefter
- Cutter
- großes Glas,
- Zeitung
- Holzstäbe
- feines Schleifpapier

Schwierigkeitsgrad

3 Bei einem Mehrflaschenboot verklebst du die Flaschen untereinander und fixierst sie zusätzlich mit großen X-Gummis. Dann baust du aus Eisstielen ein Deck, das (mindestens) zwei Flaschen verbindet. **c**

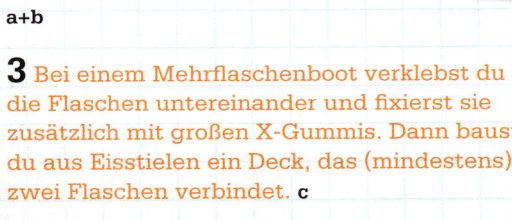

4 Schneide dir das Tonzeichenpapier als Segel zu und bemale es. Der Schaschlikspieß wird als Mast durch das Segel geschoben und am Boot befestigt.

5 Wenn dein Boot nicht richtig fährt, dann füllst du etwas Wasser in die Flaschen, sodass es tiefer liegt.

6 Zuletzt malst du der Spielfigur noch ein freches Gesicht und klebst sie mit Allplastkleber auf die Flasche. Jetzt hat dein Boot einen Kapitän. **e**

Für schwerere Passagiere benötigst du größere Flaschen als Bootsrumpf – versuche doch auch ein Boot aus 1,5 l Flaschen!

WURMWUNDER

Regenwurmbeobachtungskasten

Das brauchst du
- Stricknadelbox aus Holz, 32 cm × 12 cm × 4 cm
- Plexiglas, 2 mm stark, 32 cm × 12 cm
- 2 Regenwürmer
- dunkle Erde
- Komposterde
- Sand
- Karton zum Überstülpen über den Regenwurmkasten
- Tonpapierreste in Schwarz und Beige
- Permanentmarker in Schwarz
- Sprühlack in Klar
- Transparentfolie in Gelb, A4
- UHU Glitter Glue in Blau, Grün und Lila

Hilfsmittel
- Cutter
- Lineal
- Kugelschreiber
- Akkuschrauber
- Bohrer, ø 6 mm

Vorlage
Seite 127+130

Schwierigkeitsgrad

Es gibt weltweit etwa 3000 verschiedene Regenwurmarten – wusstest du das?

So geht's:

1 Natur pur! Wenn es wie aus Eimern geregnet hat, musst du dich auf den Weg machen, denn da tauchen sie auf, die Regenwürmer! Nimm dir zwei lebende Exemplare mit und gebe sie zur kurzzeitigen Aufbewahrung in ein Glas mit feuchter Erde.

2 Bereite schnell deinen Beobachtungskasten vor, indem du die eine Stricknadelbox nimmst. Die Stricknadelbox kannst du mit Erde einfärben, indem du die Erde mit den Fingern in das Holz reibst. Klarlack macht das Holz der Box wetterfest.
a+b

a

b

3 Anstelle des Holzdeckels der Stricknadelbox schneidest du mithilfe des Cutters einen Deckel aus Plexiglas zu und bohrst ein paar Luftlöcher hinein. Dabei sollte ein **Erwachsener** assistieren!
c+d

c

4 Den Deckel aus Plexiglas einschieben und die Kartonbox über deine Beobachtungsstation stülpen, damit sich die Regenwürmer in kühler Dunkelheit beruhigen können.

Weiter geht es auf Seite 26 ...

d

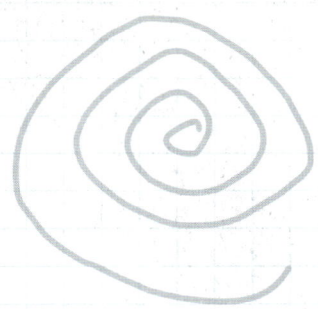

Erde findest du im Garten, im Park, auf dem Spielplatz und im Wald – sie sieht jedesmal ganz anders aus!

5 Fülle nun den Kasten von unten aus gesehen erst mit einem Drittel feuchter, dunkler Erde danach das zweite Drittel mit feuchtem Sand und das letzte Drittel mit Komposterde. Nimm deine Regenwürmer aus dem Glas und lege sie auf die feuchte Erde deines Regenwurmbeobachtungskastens.

6 Damit deine Regenwürmer nicht so allein sind, kannst du ihnen noch ein paar papierene Gefährten ausschneiden, diese mit Glitzerkleber und Permanentmarker verzieren und auf den Kasten kleben. Als Lupenglas verwendest du transparente Folie in Gelb. Decke den Kasten mit dem Karton ab.

7 Nach ein paar Tagen kannst du den Karton anheben und sehen, dass die Regenwürmer kleine Gänge in die Erde gegraben haben. Sie haben es auch geschafft, die Erdschichten miteinander zu vermischen. e

8 Danke für den Besuch! Jetzt lässt du die fleißigen Regenwürmer wieder frei.

NATURDIASHOW

Klitzeklein wird riesengroß!

So geht's:

1 Bildgewalt! Geh hinaus in die Natur und suche dir unterschiedliche Blüten und Gräser, die du dann in dein Glasgefäß legst. Fülle etwas Wasser hinein.

2 Schließe den Overheadprojektor an den Strom an und schalte ihn ein. Nun musst du die Projektion an der Wand einrichten. Bitte deine Zuschauer um Aufmerksamkeit. Stell deine Lieblingsmusik an und drehe sie richtig laut. Nun tropfst du im Takt der Musik kleine Tröpfchen Lebensmittelfarbe in die Glasschüssel. **a**

3 Du wirst sehen, wenn sich die Farbe verteilt, gibt es schöne Effekte, die sich an die Musik „anschmiegen". Verschiedene Farben können sich langsam vermischen.
Die Visualisierung von Musik durch Farbe, Formen und Effekte nennt man „VJ-ing". Das ist eine Kombination aus DJ-ing (Musik auflegen) und visuellen Eindrücken. Probier's aus! Deine Zuschauer werden begeistert sein! **b**

Das brauchst du
- Overheadprojektor
- Glasgefäß, mindestens 30 cm × 30 cm
- verschiedene Blüten und Blätter
- Lebensmittelfarbe in beliebiger Farbe
- Wasser

Hilfsmittel
- CD-Player
- Lieblingsmusik

Schwierigkeitsgrad
☒ ☐ ☐

Lust auf eine fetzige Partydekoration? Wenn du vier Overheadprojektoren zur Verfügung hast (zum Beispiel bei einer Schulparty), kannst du an jeder Seite des Raumes einen aufstellen und somit alle vier Wände bespielen. Besorg dir Wasserläufer und Kaulquappen und lass sie im Wasser frei. Wenn man dann in der Mitte des Raumes steht, kommt es einem vor, als wäre man Teil des Krabbelszenariums. Nach dem Fest aber alle Tiere wieder in ihre Teiche zurücksetzen und in diesem Fall keine Lebensmittelfarbe verwenden!!!

PARFÜMERIE
Einfach dufte!

Das brauchst du
- 9 Melissenblätter
- unbehandelte Orange
- Jojobaöl
- 3 EL Bienenwachs
- kleines Gefäß
- Tonpapier in Orange und Grün, A5
- Filzstift in Schwarz

Hilfsmittel
- Küchenreibe
- Schere
- eventuell Mikrowelle
- Sieb
- luftdichtes Gefäß
- UHU Alleskleber

Vorlage
Seite 122

Schwierigkeitsgrad
☒ ☒ ☐

Probier das mal mit Holunderblüten, Kamille, Rosmarin, Zitronenmelisse, Minze, Obstbaumblüten, Basilikum oder Ringelblumen.

So geht's:

1 Schnupperstunde! Draußen kann man tolle Kräuter sammeln: Melissenblätter, Kamillen- oder Rosenblüten eignen sich. Die (Blüten-)Blätter schneidest du klein. **a**

a

2 Rasple die Orangenschale mit einer Küchenreibe ab und mische sie mit den Blättern. **b**

b

3 Gebe deine Duftbrösel in ein luftdichtes Gefäß und gieße Jojobaöl dazu, bis alles bedeckt ist. Das Gefäß stellst du für zwei Wochen an einen dunklen Ort und wartest. Ab und zu vorsichtig schwenken. **c**

c

4 Das Bienenwachs füllst du nun in ein Schälchen und erhitzt es ganz kurz in der Mikrowelle, bis es geschmolzen ist. Lege ein Sieb über das Schälchen und seihe zwei Esslöffel von dem aromatisierten Jojobaöl durch das Sieb. Vermische das Öl und das flüssige Bienenwachs und schütte diese zähe Flüssigkeit in ein hübsches Gefäß.

5 Das Gefäß kannst du verzieren, indem du auf Tonpapier malst, was drin ist. Das Parfüm kannst du wie eine Creme auftragen. Es ist ein klasse Muttertagsgeschenk! **d**

d

WURZELKRAFT
Die Kleinen sind die Größten!

Das brauchst du
- leere Eierschale
- Samen, z.B. Radieschen
- 3 TL Pflanzenerde
- Likörglas

Hilfsmittel
- Teelöffel
- Blumensprühflasche
- Wasser

Schwierigkeitsgrad
☒ ☐ ☐

So geht's:

1 Flower Power! Die Samen mithilfe einer Blumensprühflasche ansprühen und über Nacht quellen lassen.

2 Klopfe ein Ei in der Mitte auf und wasche es gründlich aus. Eine Eierschalenhälfte füllst du mithilfe eines Teelöffels mit feuchter Erde. Fülle das Likörglas mit Wasser. **a+b**

3 Stecke ein oder zwei Samen in die Erde und setze die Eierschale auf das Likörglas. **c**

4 Stelle das Eiergläschen an einen sonnigen Ort – der Samen beginnt zu keimen. Ein paar Tage Geduld! Bald kannst du beobachten, wie die Wurzeln des Keimlings sich langsam durch die Eierschale pressen und sich ihren Weg zum Wasser suchen. Die Babypflanze sprengt das Ei! **d**

a

b

c

d

Wurzeln verankern die Pflanze fest im Boden und dienen ihr zur Nährstoffaufnahme. Dabei werden Wasser und die darin gelösten Mineralien aufgenommen und in alle Teile der Pflanze weitergeleitet. Manchmal sprengen die Wurzeln sogar Beton oder Fels, um an Wasser zu kommen! Es gibt büschelartige Wurzeln und Wurzeln, die aus Haupt- und Nebenwurzel bestehen. Wozu gehört dein Keim?

TIERISCHE TROPHÄE

Gestatten, Désirée(h)

Das brauchst du
- Luftballon
- stabile Pappe, A3
- 2 alte Zeitungen
- 1350 Eschensamen
- 2 Kastanien
- 2 Kastanienhüllen
- die Schale einer Pistazie
- zwei runde Astscheiben
- eine Bucheckerhülle
- 2 mehrfach verzweigte Kastanienzweige
- Acryl-Dekorlack matt in Dunkelbraun
- Filzrest in Schwarz
- 2 selbstklebende Halbperlen, ø 0,2 cm
- MDF Platte, 25 cm × 50 cm
- Moos
- Papierbastband in Bordeaux, 4,5 m lang
- zwei Anissterne
- Transparentpapierrest in Gold
- Permanentmarker in Schwarz

Hilfsmittel
- UHU creativ Holz & Naturmaterialien
- UHU Stick Kraftkleber
- 5 EL Kleister
- Wasser
- großen Borstenpinsel
- Gefäß
- Paketband
- Schere
- Cutter
- Industrietacker
- Stecknadeln
- Drillbohrer

Vorlage
Seite 126

Schwierigkeitsgrad
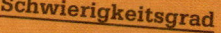  

So geht's:

1 Trophäe für Vegetarier: Baue dir aus Pappe und dem Luftballon und Paketklebeband eine Grundform. Rühre auch gleich den Kleister an. Lass ihn zwanzig Minuten quellen. Unterdessen reißt du die Zeitungen in ca. 10 cm lange Streifen. **a**

2 Bekleistere und beklebe deine Rehgrundform mit den Händen, bis du ein Papiermascheereh mit mindestens drei Schichten hast. Lasse dein Reh für mindestens 24 Stunden trocknen. **b+c**

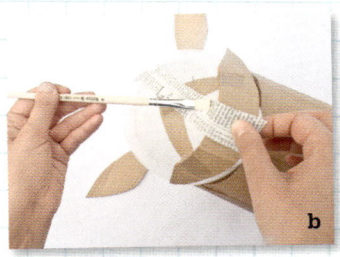

3 Bemale deine Form an den Ohren, am Hals und an der Schnauze mit dunkelbrauner Acrylfarbe.

4 Alle unbemalten Stellen werden dachziegelartig mit Eschensamen beklebt. Am Hals rundherum die untersten 10 cm freilassen. **d**

5 Die Ohreninnenflächen beklebst du mit Moos. Schneide dir zwei Kastanienschalen in vier Streifen. Von den Schalenstücken klebst du jetzt jeweils zwei um die Kastanienfrucht, sodass sie als Ober- und Unterlid fungieren. Aus schwarzem Filz schneidest du noch eine Pupille zu, eine kleine selbstklebende Halbperle wird der Lichtreflex im Auge.

6 Mit Stecknadeln kannst du die Kastanienaugen am Kopf fixieren, bis der Klebstoff getrocknet ist.

7 Bohre in zwei Astscheiben mittig mit einem Drillbohrer ein Loch und klebe dort die Kastanienzweige ein. Klebe dann dieses Geweih mit Holzleim auf dem Oberkopf fest. Mit Bucheckerstücken kannst du nun noch die Astscheiben verzieren und aus Pistazienschalen die Nasenlöcher an der Schnauze aufkleben.

8 Bohre oben in die MDF-Platte ein Loch. Lass dir dabei von einem **Erwachsenen** helfen. Male die MDF-Platte anschließend dunkelbraun an. Nun nimmst du dein Reh und schneidest die freigelassenen zehn Zentimeter streifenförmig von unten nach oben ein und knickst die Streifen nach außen um.

9 Lege nun das Reh auf die MDF-Platte und hefte die umgeknickten Streifen mit einem Industrietacker auf der Platte fest. Die Streifen versteckst du, indem du Moos darüber klebst. Schneide den Papierbast zu sechs Streifen mit je 75 cm Länge zu und nimm jeweils zwei Streifen in eine Strähne und flechte einen Zopf. Den Papierbastzopf legst du nun wie ein Rahmen um dein Moos und klebst alles fest. Bestimmt kannst du aus den überschüssigen Papierbastresten noch eine Schleife binden, die du unten mittig aufklebst.

10 Aus dem goldenen Transparentpapier schneidest du eine Ellipse aus und schreibst mit einem wasserfesten Stift den Namen deines Rehs darauf. Mit dem Kraftklebestick klebst du das Namensschild auf. Links und rechts davon klebst du noch je einen Sternanis. Tierisch gut!

Eschen zu finden ist gar nicht so leicht. Ihre Früchte findet man gegen Ende des Sommers und dann den ganzen Winter über. Die Esche ist ein Baum mit einem anthrazitfarbenen Stamm, bei dem die Äste sehr weit oben anfangen – klettern kann man also nicht gut auf eine Esche. Die Zweige zeigen zum Himmel und die Blätter daran sehen von Weitem aus wie Federn.

Igitt, vegetarisches Reh!

SCHRUMPFKOPF

Horrorfra*k*tze

Das brauchst du
- Kartoffel
- Holzstäbchen
- zwei Stecknadeln mit Kugelköpfen in Gelb
- Permanentmarker in Schwarz

Hilfsmittel
- Gemüsemesser
- ggf. Blumentopf mit Erde

Schwierigkeitsgrad
☒ ☐ ☐

So geht's:

1 Kartoffelschocker: Schäle die Kartoffel. Schnitze ganz vorsichtig mit einem Gemüsemesser nun ein gruseliges Gesicht ein. **a+b**

2 Stecke das Schrumpfkopfgesicht auf ein Holzstäbchen. Die Augen machst du aus Stecknadeln, die du tief in die Kartoffel piekst. **c+d**

Mache jeden Tag ein Foto von deinem Schrumpfkopf, dann kannst du am besten vergleichen, wie er sich von Tag zu Tag verändert.

3 Stecke den Schrumpfkopf zum Trocknen in einen Blumentopf. Beobachte die Veränderungen an deinem Gruselgesicht – das kann über eine Woche gehen: Erst wird es graubraun werden und dann immer mehr zusammenschrumpeln, bis es ganz viele Falten hat und nur noch ganz klein ist. **e**

Eigentlich bezeichnet man die Trophäen von indigenen Völker als Schrumpfköpfe. Sie haben die Köpfe ihrer besiegten Feinde abgetrennt und die obere Schicht gegerbt. Durch diesen Prozess schrumpelten die Köpfe auf Faustgröße zusammen. Die jeweiligen Besitzer haben sie gesammelt, weil sie dachten, dass sie damit auch die Kraft der besiegten Feinde für sich selbst gewinnen würden.

DOPPELT SCHÖN

Eine Blüte, zwei Farben

So geht's:

1 Zauberblüte: Besorge dir eine weiße Blume, die einen dicken Stängel hat, der also genug Fleisch bietet, um ihn in der Mitte zu teilen, zum Beispiel eine Rose.

2 Nimm dir nun einen Cutter und schneide den Stiel der Blume vorsichtig in der Hälfte durch bis ungefähr 3 cm unter der Blüte. Fülle zwei Glasgefäße mit Wasser, in die du die Blume stellst. Die eine Stängelhälfte steckst du in das eine, die andere in das zweite Glasgefäß. **a+b**

3 Drücke die ganze Tube der roten Lebensmittelfarbe in das linke Glas. Die blaue gibst du in das rechte Gefäß. Mit einem Holzstab kannst du die Farbe etwas verwirbeln. **c+d**

4 Warte nun ein bis zwei Stunden und schau dir die Blüte genau an. Du wirst feststellen, dass sich die Äderchen schon leicht mit Farbe gefüllt haben. Nach einem Tag haben sich die Blütenblätter verfärbt – und das in zwei Farben!

Dieses Experiment zeigt, wie weit eine Blume die im Wasser gelösten Stoffe transportiert. Das ist bei einigen Tieren auch so: So frisst der Wildlachs zum Beispiel rote Krebse, die sein Fleisch rosa färben, der Flamingo bekommt davon ein rotes Gefieder.

 a

 b

 c

 d

Das brauchst du
- Blüte in Weiß (z. B. Rose)
- Lebensmittelfarbe in Rot (oder rote Tinte)
- Lebensmittelfarbe in Blau (oder blaue Tinte)
- 2 Glasgefäße

Hilfsmittel
- Wasser
- Cutter
- Holzstab

Schwierigkeitsgrad
☒☐☐

MOOSTATTOO
Containerbegrünung

Das brauchst du
- Naturjoghurt, 125 ml
- flacher TL Zucker
- kleine handvoll Moos
- Pappe, 25 cm × 25 cm

Hilfsmittel
- Schüssel
- Schere
- Cutter und Schneideunterlage
- Löffel
- Malerkrepp
- Borstenpinsel
- Sprühflasche

Vorlage
Seite 125

Schwierigkeitsgrad
☒ ☐ ☐

So geht's:

1 Anarchie! Such dir etwas Moos. Zerschneide es mit einer Schere in kleinste Stücke. **a**

2 Mische das Moos in einer Schüssel mit Joghurt und Zucker. Rühre einen gleichmäßigen Brei an. **b+c**

3 Übertrage die Vorlage auf Pappe. Anschließend schneidest du sie mit einem Cutter auf einer Schneideunterlage aus. Du erhältst eine Schablone.

4 Bewaffnet mit deinem Moosbrei und der Schablone, Pinsel und Malerkrepp suchst du dir nun ein halbschattiges Plätzchen – eine Wand, einen Gehsteig oder eine Hinterhofmauer… Achtung! So richtig erlaubt ist das natürlich nicht: Deshalb entweder heimlich machen oder vorher fragen!

5 Deine Schablone befestigst du nun an der Stelle, an der das Moostattoo wachsen soll mit Malerkrepp. Mit dem Pinsel trägst du Moosbrei auf die Aussparungen auf. Du kannst aber auch ohne Schablone ein Moosbild malen oder etwas schreiben: „Anna, ich liebe dich!" d

6 Nun musst du ein paar Tage warten: Es wächst eine Moostulpe! Wenn es sehr heiß ist, musst du mit einer Sprühflasche einmal täglich ein bisschen Wasser auf dein Moosbild spritzen. e

Dein Moos hat Minisamen, sogenannte Sporen. Den sauren PH-Wert von Joghurt mag das Moos gern, der Zucker hilft beim schnellen Wachsen.

SANDBURGEN-PARADIES

Sandkasten der Abenteuer

Hut ab, coole Tunnels!

So geht's:

1 Wasserrutschenparadies im Miniformat: Teile die Plastikflaschen mithilfe eines Cutters in der Mitte und besprühe sie auf alten Zeitungen mit Buntlack in Hellblau, Maigrün, Violett, Dunkelblau und Rosa. Lass sie trocknen.

2 Mit dieser Sandburg bist du der Star auf jedem Spielplatz! Zu allererst musst du jede Menge Sand auf einen großen Haufen schütten. Da du ein Wasserspiel in die Sandburg baust, benötigst du mehrere Ebenen. Beginne damit, einen großen Hügel und danach einen etwas kleineren Hügel aufzuschichten. Am unteren Ende der beiden Hügel schichtest du noch eine kleine Plattform auf, auf der dann später eine Aussichtsplattform für deine Spielfiguren sein kann.

3 Am großen Hügel beginnend legst du bis zum untersten Ende der Aussichtsplattform die bemalten Plastikflaschen zueinander höhenversetzt auf den Sand. **a**

4 Ziehe mithilfe einer Sandkastenform eine Rinne in den Bereich der Sandburg, der am niedrigsten ist, quasi als Burggraben. Da kann sich das Wasser aus den bunten Rinnen sammeln.

5A — Sportcoupés

Lexus RC F

Kaufpreis ab 75.000,– EUR

J

Hubraum:		4 969 ccm
Leistung:		351 kW / 477 PS
Geschwindigkeit:		270 km/h
Leergewicht:		1 765 kg
Länge:		4,71 m

b) Soleil
c) David Brown
d) Jaguar

Das brauchst du

- viel Sand (oder Sandkasten)
- Buntlack in Hellblau, Maigrün, Violett, Dunkelblau und Rosa
- 4 Plastikflaschen
- Moos
- 11 Spielfiguren
- 48 Muscheln
- 48 Steine
- 12 Tannenzapfen
- Holzstäbchen
- 4 Reagenzgläser
- 9 Holzscheiben, ø 3 cm
- 10 Bucheckern
- Beerenzweige

Hilfsmittel
- Zeitungen
- Wasser
- Cutter
- Sandkastenformen
- Plastikflasche

Schwierigkeitsgrad

5 Es ist nun Zeit deine Sandburg ganz toll zu verzieren. Nimm dir dazu Muscheln und Steine und verteile sie auf der Sandburg. Schön sieht es aus, wenn du die Muscheln und Steine spiralförmig um die Hügel anlegst oder einen kleinen Eingangsbereich aus Steinen legst. Die Tannenzapfen können dein Sandburgenparadies begrenzen wie eine Stadtmauer. Nun stecke ein paar Holzstäbchen als Zäune in den Sand und verteile Moos und Beeren als „Gewächse" auf deiner Festung. Auch Bucheckern oder andere Naturfunde sind tolle Blickfänge. **b+c**

6 Falls du ein paar Reagenzgläser zur Hand hast, kannst du diese mit Sand befüllen und so fabelhafte Sandsäulen bauen. **d+e**

7 Was wäre ein Sandburgenparadies ohne Bewohner? Schau schnell in deinem Kinderzimmer nach ob du noch Spielfiguren zu Hause hast, die das Paradies bevölkern könnten. Stelle diese mit in die Sandburg. Es ist nun an der Zeit, den Bewohnern der Sandburg ein Schauspiel zu bieten: Fülle eine Plastikflasche mit Wasser und schütte es (oder viele Murmeln) an der höchsten Stelle in deine bunte Rinne. **f**

b

c

d

e

f

BLÜHATTACKE

Samenbom~~b~~en

Angriff!!!

Das brauchst du
- 1 EL Blumen- oder Kräutersamen (gut sind Ringelblumensamen)
- 3-5 EL trockene Blumenerde
- 3-5 EL Tonerde
- etwas Wasser

Hilfsmittel
- Schüssel
- Eiswürfelbehälter aus Silikon
- Esslöffel
- Sieb

Schwierigkeitsgrad
☒☐☐

So geht's:

1 Für diesen Streich gehst du so vor: Siebe die trockene Erde gut durch. Dann mischst du den Esslöffel Samen und die Tonerde unter die Erde. **a+b**

2 Nun kommt der kniffelige Teil: Du musst nach und nach ganz wenig Wasser zugeben und die Erdmischung zu einer Art Teig vermatschen. Die Masse hat die richtige Konsistenz, wenn du in deinen Händen kleine Kugeln formen kannst, die eine relativ glatte Oberfläche haben. **c**

3 Forme nun den ganzen Teig zu solchen kleinen Bällen oder drücke den Teig in einen Silikoneiswürfelbehälter, so erhältst du Wurfsterne oder Blühbärchen, je nach Form. Lass die Erdpralinen etwa einen Tag trocknen – in der Sonne reicht auch ein halber Tag. **d**

4 Wenn du deine Seedballs oder Wurfsterne bis zum Einsatz aufheben willst, dann legst du sie in eine luftdurchlässige Papierschachtel oder ein Stoffsäckchen. Zum Verschenken kannst du die Samenbomben in farbiges Seidenpapier wickeln. Das kann man zum Abwerfen auch drum herum lassen

5 Los jetzt! Raus und unauffällig die Samenbomben und Wurfsterne abwerfen, um die unmöglichsten Orte zu bepflanzen. Dann musst du nur noch warten bis es regnet (oder selbst heimlich gießen gehen) und nach 14 Tagen siehst du schon erste Ergebnisse deiner Guerilla-Gardening-Aktion. Es wachsen Blumen!

MIESE TRICKS

Fieses Juckpulver

Das brauchst du
- 20 reife Hagebutten
- Glasröhrchen, ø 1 cm, 15 cm lang
- Tonpapierrest in Rot
- 5 Konturensticker in Schwarz, 1 cm–2,5 cm
- 10 Abstandsklebepads, 3 mm × 3 mm
- UHU Glitter Glue in Blau

Hilfsmittel
- Messer
- Löffel
- Mörser

Vorlage
Seite 128

Schwierigkeitsgrad
☒ ☐ ☐

So geht's:

1 Du brauchst 20 reife Hagebutten. Vorsichtig teilst du alle Hagebutten mit dem Messer. Du willst an die Kerne! Kratze sie mit einem Löffel aus der Frucht. Stelle die Kerne für ein paar Stunden in die Sonne bis diese ausgetrocknet sind. **a+b**

2 Gib alle Kerne in deinen Mörser und zerstampfe sie bis du ein Pulver hast. **c** Fülle das Juckpulver in ein Glasröhrchen ab. Damit keiner das miese Pulver mit Brause verwechselt, solltest du noch einen Totenkopf auf rotes Tonpapier malen und mit Glitzerkleber verzieren.

Wie das juckt!

Die Hagebutte ist die Frucht der Rose und als Juckpulver so wirksam, weil die Kerne mit kleinen Härchen besetzt sind.

3 Jetzt hast du einen kratzenden Vorrat für viele, viele Streiche: Schleiche dich an und streue das Pulver deinem Opfer in den Hemdkragen – fies! **d**

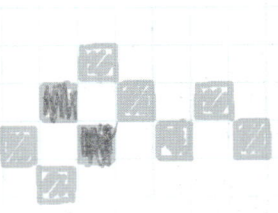

WASSER MARSCH!

gigantische Wasserpistole

So geht's:

1 Martialische Ausrüstung für Strandpiraten: Arbeite draußen! Die Flasche mit blauer Sprühfarbe ansprühen.

2 Schraube das Ventil der Pumpe ab und führe dort das eine Ende des kleineren Schlauches ein. Teste, ob beim Pumpen auch am anderen Ende des Schlauches Luft rauskommt. Wenn ja, sitzt der Schlauch richtig und du kannst ihn mit UHU festkleben. In das andere Ende steckst du das Fahrradventil, sodass der schwarze Dichtungsring zum kürzeren Ende des Schlauches zeigt. Dieses Ende muss jetzt unten in die Wasserflasche hinein. Bohre mit dem Drillbohrer vorsichtig ein kleines Loch in die Mitte des Flaschenbodens. Es reicht, wenn der Schlauch 1 cm in die Flasche ragt. Zum Abdichten verwendest du wieder UHU. **a**

3 Jetzt muss noch der Wasserschlauch an die Flasche. Nimm dir den Sportscap-Verschluss zur Hand. Wenn du bei diesem mit etwas Ziehen das weiße flexible Teil entfernst, kannst du von oben wunderbar den Schlauch draufstecken. Der 2 cm Schlauch passt hier genau drauf. **b+c**

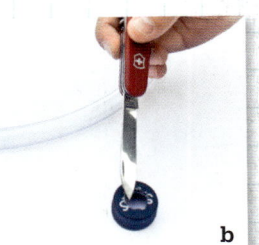
b

c

a

Na warte! Ich bau' mir auch eine!!

Das brauchst du
- Luftpumpe, 23 cm lang
- Holzleiste, 81 mm × 4,4 cm × 2,5 cm
- 11 Kabelbinder
- PVC Weichrundschlauch, ø 1 cm, 1 m lang,
- PVC Weichrundschlauch, ø 2 cm, 2,40 m
- PVC Weichrundschlauch, ø 2 cm, 5 cm
- Gürtel, 1 m lang
- Wasserflasche aus Hartplastik
- Fahrrad-Ventil
- kegelförmiger (Kleber-)Verschluss aus Plastik
- Sportscap-Verschluss
- Hanfseil, 10 cm lang
- 7 Schrauben, ø 4 mm, 6 cm lang
- Einkaufsnetz
- Gürtel
- 3 Schlauchschellen für Schläuche, ø 1-2 cm
- Acrylfarbe in Türkis
- Sprühfarbe in Blau

Hilfsmittel
- UHU Kleben Montieren Dichten
- Schraubenzieher
- Cutter
- Schere
- Handsäge
- Pinsel
- Drillbohrer

Schwierigkeitsgrad
☒ ☒ ☒

4 Ein **erwachsener Assistent** sägt die Holzleiste in vier Teile: 52 cm, 17 cm, 8 cm und 4 cm lang. Bemale das Holz in Türkis und setze das Wassershootergerüst nach dem Trocknen zusammen: Bohre mit dem Drillbohrer zweimal durch das 52 cm Stück zum 17 cm Stück durch. Jetzt kannst du zwei Schrauben mit dem Schraubenzieher durch die Löcher drehen und das 17 cm Stück am Griff befestigen.

5 Bist du Links- oder Rechtshänder? Wir haben die Rechtshändervariante gemacht und die Pumpe links angebracht und das Ventil rechts. Schraube das 8 cm Stück als Abstandshalter auf das 52 cm Stück. Das Luftpumpenende, mit dem du pumpst, muss nach vorne, also in die Schussrichtung zeigen. Fixiere die Pumpe mit Kabelbindern am Holzgerüst. **d**

6 Dichte die Verjüngungsstücke mit ein wenig Hanfseil ab, indem du das Hanfseil spiralförmig in das Gewinde legst. Jetzt kannst du die beiden Verjüngungsstücke auf den Absperrhahn schrauben. Nimm dir eine Schlauchschelle und führe sie über den Schlauch, den du damit an einem der Verjüngungsstücke befestigst. Für das andere benötigst du noch ein 5 cm langes Schlauchstück, das du genauso anbringst, wie das zuvor, und das in Schussrichtung zeigen muss. Auf die andere Seite der Pistole muss der Absperrhahn als Abzug. Fixiere ihn mit Kabelbindern. **e**

7 Nimm dir die Verschlusskappe eines Klebers und bohre mit dem Drillbohrer ein kleines Loch in die Spitze. Jetzt kannst du den Schlauch ganz vorne an der Pistole mit einer Schlauchschelle fixieren. Den Wasserpistolenlauf mit einem Kabelbinder an einer Schraube befestigen, die du von vorne in die Pistole schraubst. **f**

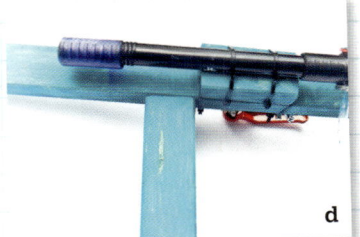
d

e

f

g

8 Nun musst du nur noch die Wasserflasche zum Tank umrüsten, den man auf dem Rücken tragen kann: Die Wasserflasche in das Einkaufnetz einwickeln. Mit fünf Kabelbindern am Gürtel fixieren. **g**

9 Das Freibad ruft! Wasser in die Flasche füllen, die Flasche zuschrauben und so auf den Rücken schnallen, dass der dünne Luftschlauch oben und der dickere Wasserschlauch unten sind. Aufpassen, dass der Absperrhahn zu ist, dann kräftig pumpen und den Absperrhahn schnell öffnen. JUHUUUU! Es spritzt!

JETZT GIBT'S SAURES!

Zitronenkanone

Das brauchst du
- Kugelhahn, 1/2"
- Wasserrohr (kein Abwasserrohr!), ø 50 mm, 60 cm lang
- Wasserrohr (kein Abwasserrohr!), ø 50 mm, 16 cm lang
- 2 Reduzierungsstücke, ø 50 mm mit Halbzollschraubgewinde auf 1/2" (Verbindung Wasserrohr zum Kugelhahn)
- Überschiebemuffe, HTU DN 50
- Endstück, HTM DN 50
- Unterlegscheibe, ø 18 mm, Innendurchmesser 6 mm
- alter Fahrradschlauch mit Ventil und Ventilschraube
- 8 Schrauben ø 6 mm, 15 mm lang
- Lederband ø 2 mm, 1,5 m lang
- Rolle Krepppapier in Blau-Weiß gestreift, 60 cm × 40 cm,
- Sisalband, ø 5 mm, 2 m lang
- Acrylfarbe in Türkis
- Fußpumpe für Fahrradschläuche
- kleine Zitronen oder Limetten

Hilfsmittel
- UHU Alleskleber SUPER strong & safe
- UHU Sprühkleber
- Schere
- Metallsäge
- Akkuschrauber
- Metallbohrer, ø 6 mm und 9 mm

Vorlage
Seite 130

Schwierigkeitsgrad
☒ ☒ ☒

So geht's:

1 Zitronenweitschuss! Suche dir einen **Erwachsenen** als Assistenten für das komplette Projekt. Als erstes kauft ihr gemeinsam im Baumarkt ein.

2 Die Gewinde eines Kugelhahns dienen als Verbindung zwischen zwei Reduzierungsstücken. Am oberen Reduzierungsstück mithilfe eines Akkuschraubers und zwei Schrauben das 16 cm lange Rohr anbringen. Am unteren mit zwei Schrauben das 60 cm lange Stück Wasserrohr anbringen. **a**

3 Die Endkappe, an der sich das Fahrradventil befindet, musst du mithilfe eines Akkuschraubers und eines 9 mm Bohrers mittig durchbohren. Schneide aus einem alten Fahrradreifen das Ventil heraus und lasse rundherum 3 cm Reifengummi stehen. Stecke das herausgeschnittene Ventil durch das Bohrloch und schiebe von oben eine Unterlegscheibe über das Ventil. Schraube darüber die Ventilschraube fest, dadurch zieht sich das Fahrradgummi von unten am Loch fest und die Konstruktion wird luftdicht. **b**

4 Die Endkappe mithilfe zweier Schrauben an die Überschiebemuffe schrauben. Danach wiederum mit zwei Schrauben die Überschiebemuffe am 60 cm langen Wasserrohr fixieren. **c+d**

5 Um die Zitronenkanone in Betrieb zu nehmen, musst du mithilfe einer Fußpumpe den unteren Teil der Zitronenkanone mit Luft füllen. Den Kugelhahn so einstellen, dass er keine Luft durchlässt. Stecke eine kleine Zitrone in das obere, 16 cm lange Wasserrohr. Wenn du nun den roten Hebel des Kugelhahn umlegst, drückt die Luft in das obere Rohr und die Zitrone schießt hinaus. **e**

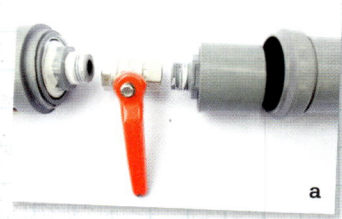

a

b

c

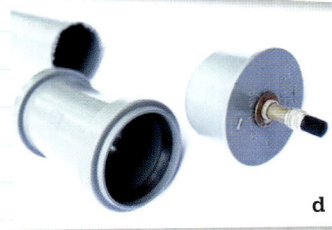

d

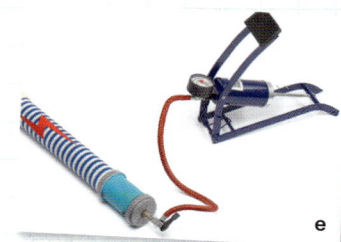

e

Für eine optimale Flugbahn musst du die Zitronenkanone im 45 Grad Winkel halten, bevor du das Ventil öffnest.

Die Fußpumpe zeigt an, mit welchem Druck du deine Kanone befüllt hast – bei 3 bar ist Schluss, sonst fliegt dir deine Kanone um die Ohren!

6 Achte dabei darauf, dass du den Hebel schnell umlegst, damit der Druck stoßartig entweicht. Befestige doch ein Band am Hebel, dann kannst du an dem Band ziehen, um den Hebel umzulegen. Lass es krachen!!! **Nicht auf Menschen oder Tiere zielen!**

7 Du kannst deine Zitronenkanonen nun noch mit gestreiftem Krepppapier verzieren, indem du Sprühkleber auf die Wasserrohre sprühst und das blau-weiß gestreifte Krepppapier darum wickelst. Mit starkem Alleskleber kannst du zur weiteren Verzierung Sisalband an den Rohren anbringen und freie Stellen noch mit Acrylfarbe in Türkis bemalen.

ANGRIFF DER SCHAUMGUMMIS

Marshmallowshooter

Das brauchst du
- Luftpumpe
- Buntlack in Maigrün und Türkisblau
- Marshmallows
- Moosgummirest in Mint

Hilfsmittel
- Metallsäge
- Kreppklebeband
- UHU Alleskleber Kraft

Vorlage
Seite 123

Schwierigkeitsgrad
☒ ☐ ☐

So geht's:

1 Leckerattacke! Beginne, indem du die vordere Kappe der Fahrradpumpe absägst. Hierbei sollte dir ein **Erwachsener** assistieren. **a**

2 Jetzt solltest du ins Freie: Beklebe die Pumpstange mit Kreppklebeband und lege dann die Fahrradpumpe auf alte Zeitungen. Mit Buntlack in Türkisblau und Maigrün besprühst du jetzt die Pumpe nach Herzenslust. Lass diese Schicht gut durchtrocknen. **b+c**

3 Wenn der Lack trocken ist, kannst du die Bemalung noch feintunen. Wer mag, klebt noch Moosgummikringel auf.

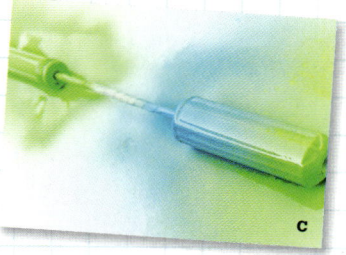

4 Entferne nach dem Trocknen das Kreppklebeband wieder. Greife nun zum ersten Marshmallow. Stecke ihn in den vorderen Lauf der Fahrradpumpe (wo vorher das Ventil war). Wenn du den Griff der Fahrradpumpe blitzschnell nach oben presst, fliegt das Softgummi bis zu zwei Meter weit. **d**

Mund auf, hier komme ich!

Hast du das gewusst? – Die Luftpumpe wurde um ca. 1650 von Otto von Guericke erfunden.

Der Marshmallowshooter funktioniert mit Druckluft: In der Luftpumpe befindet sich ein Zylinder und darin ein Kolben, der durch die Eisenstange mit dem Handgriff verbunden ist. Der hindert die Luft daran, beim Einschieben der Luftpumpe aus dem Zylinder zu entweichen. Wenn du den Marshmallow recht fest auf den vorderen Lauf des Shooters gepresst hast, baut sich ein großer Druck auf, dazu führt, dass der Marshmallow herausgeschleudert wird.

HAU DRAUF!

Piñata

Das brauchst du
- 2-3 dicke Zeitungen
- Krepppapierrolle in Orange, Lavarot und Schokobraun, 60 cm breit, 2 m lang
- Riesenluftballon
- 4 Toilettenpapierrollen
- Paketklebeband
- zwei kleine Luftballons
- Pappe, A3
- Wattekugel, ø 6 cm
- Paketband, 2 m

Hilfsmittel
- 7 EL Kleister
- alter Eimer
- Wasser
- großer Borstenpinsel
- Schere
- Cutter
- Wasser

Vorlage
Seite 125

Schwierigkeitsgrad

Piñatas kommen ursprünglich aus Mexiko und werden dort traditionell zu Festen wie Weihnachten oder zum Geburtstag gebastelt. Die Kinder, die eine Piñata bekommen, spielen damit ein Spiel: Jeweils einem Kind werden die Augen verbunden und es hat drei Versuche, die Piñata mit dem Stock zu treffen – trotz der verbundenen Augen. Das machen alle Kinder einmal, bis alle dran waren. Dabei wird ein Lied gesungen, um das jeweilige Kind anzufeuern.

So geht's:

1 Geburtstag! Alle Luftballons aufblasen. Klebe die Toilettenpapierrollen mit etwas Paketklebeband provisorisch als Beine am Riesenballon fest. Biege zwei Pappringe und befestige einen davon zwischen zwei Luftballons. Bei einem der Luftballons steckst du einen weiteren Pappschlauch am anderen Ende fest und fixierst ihn ein bisschen mit Paketband. Dieses fixierst du am Riesenluftballon. **a**

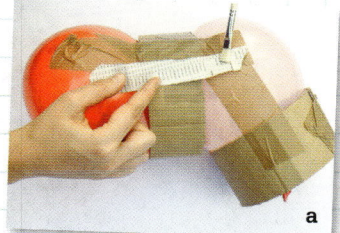

2 Rühre den Kleister an und lass ihn etwas quellen. In der Zwischenzeit kannst du die Zeitungen schon in Stücke von 10 cm × 10 cm zerreißen. Kaschiere deine Luftballon-Pappkonstruktion mit Kleister und Schnipseln.

3 Schneide zwei Ohren entsprechend der Vorlage aus Pappe aus. Jetzt fixierst du vorsichtig die Ohren mit Paketklebeband. Kaschiere nun auch die Ohren. Wenn überall drei Schichten Zeitungspapier festgeklebt sind lässt du den Esel trocknen.

4 Aus dem orangefarbenen Krepppapier schneidest du dir zwei größere Quadrate aus. Damit bedeckst du die Schnauze und Bauch des Esels. Mit kleineren braunen Stücken umwickelst du die Klorollenbeine.

5 Schneide aus dem roten und orangefarbenen Krepppapier lange Streifen von etwa 5 cm Höhe, die du mit der Schere im Abstand von 1 cm einschneidest. Fixiere diese Streifen in Reihen auf dem Eselkörper. **b**

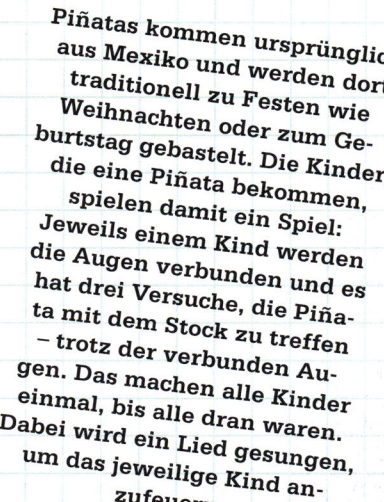

6 Lass dir von einem **Erwachsenen** helfen: Du halbierst mit einem Cutter die Wattekugel und klebst die Hälften als Augen vorn auf. Mit einem Stift malst du kleine Pupillen.

7 Ist der Esel trocken, schneidest du in seinen Rücken ein Loch ein – dazu piekst du mit einer Schere in den Körper. An vier Seiten deiner Piñata stichst du kleine Löcher ein, um mit Schnur eine Aufhängung zu knoten. Jetzt kann der Eselbauch mit Süßigkeiten gefüllt werden. **c+d+e**

FLIPSHOOTER
Basketball für Regentage

Das brauchst du
- Baumwollkordel, gewachst, 75 cm lang
- Korkkugel, ø 2 cm
- Rundholzstab, ø 5 mm, 16,5 cm lang
- Balsaholz, 7 mm × 30,5 cm × 8 cm
- Kiefernholz, 4 mm × 23 cm × 2,3 cm
- Balsaholz, 4 mm × 6 cm × 8 cm
- Balsaholz, 16 mm, 5 cm × 6 cm
- Schraube, 3 cm lang
- starker Pappkarton, 6 cm × 6 cm
- 2 Moosgummireste in Mintgrün, 6 cm × 6 cm
- Naturkordel, ø 5 mm, ca. 45 cm lang
- Buntlack in Maigrün, Türkis und Violett
- Sticker „Ziffern", ø 1,3 cm

Hilfsmittel
- UHU Holzleim
- UHU Alleskleber SUPER strong & safe
- Cutter
- Akkuschrauber
- Bohrer, ø 5,5 mm
- Schraubenzieher
- Säge
- Schleifpapier
- Nadel

Vorlage
Seite 123

Schwierigkeitsgrad

So geht's:

1 Mein Finger ist ein Zweimetermann! Für dieses Projekt benötigst du einen **Erwachsenen** als Assistenten: Schneide mithilfe eines Cutters alle Teile des Flipshooters aus Balsaholz aus. Eine Vorlage findest du auf Seite 123. Mit Schleifpapier solltest du alle Kanten glätten. Der Fliphebel wird aus Kiefernholz ausgesägt.

2 In das Kiefernholz des Auslösehebels mithilfe von Schleifpapier vor eine kleine Kerbe schleifen, in der später der Korkball in seiner Ausgangsposition liegen kann.

3 Säge den Rundholzstab auf 16,5 cm zu. Bohre dann in die Grundplatte des Flipshooters ein Loch, ø 4 mm, in das du den Rundholzstab steckst. **a**

4 Jetzt solltest du ins Freie: Decke den Boden mit alten Zeitungen ab und besprühe darauf den Flipshooter mit Buntlack. Besonders cool ist es, wenn du den Rundholzstab und das Balsaholz in Maigrün, die Grundplatte in Violett und Auslösehebel und Zielkorbplatte oben in Türkis besprühst.

5 Nun das 16 mm starke Balsaholz 16 mm vom rechten Rand entfernt auf die Grundplatte kleben. Darauf den Auslösehebel mit einer Schraube festschrauben. **b**

Macht einen kleinen Wettkampf! Wer es am schnellsten schafft, den Ball in den Korb zu befördern, hat den Flipshooterwettkampf gewonnen und bekommt einen Pokal. Könnt ihr das auch mit links?

6 Fehlt nur noch der Zielkorb: Dazu die Grundform aus starkem Karton ausschneiden und in der Mitte ein Loch, ø 3 cm aussägen. Um die Kante herum mithilfe von starkem Alleskleber eine Naturkordel kleben. Die Rückwand ebenfalls an der Kante mit einer Naturkordel bekleben und anschließend an die Grundplatte des Zielkorbes ankleben. Gut trocknen lassen! **c**

7 Einen Zielrahmen nach Vorlage aus Moosgummi aufkleben. Darüber kannst du noch Zahlensticker anbringen.

8 Abschließend präparierst du den Korkball, der als Geschoss fungiert, indem du mit einer Nadel ein 30 Zentimeter langes Stück Baumwollkordel durch den Ball ziehst und oben verknotest. Das offene Ende steckst du mit in das Loch in dem der Rundholzstab befestigt ist. Und schon wird losgeschnipst! **d+e+f**

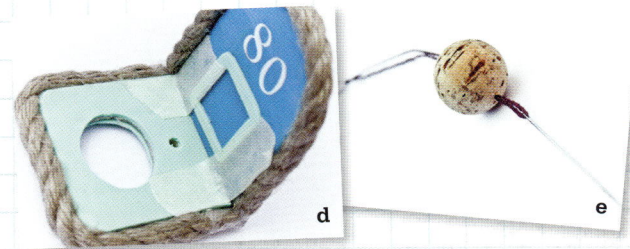

WALDLÄUFER-GESCHMEIDE

Natürliche Juwelen

So geht's:

Kette

1 Augen auf beim Waldspaziergang! Sammle Eicheln und Kastanien. Bohre vorsichtig mithilfe eines Drillbohrers in 44 Eicheln ein Loch.

2 Durch die Kastanie kannst du zwei Löcher bohren. Fädele die Kastanie in der Mitte einer Baumwollkordel auf. Auf beiden Seiten der Kastanie jeweils zwei Kokosholzsplitter auffädeln. Danach kommen beidseitig Eicheln und Muschelscheiben in gleicher Anzahl. Wenn du damit fertig bist kannst du die Kordel zusammenknoten und die Kette gleich Probe tragen. **a+b**

Das brauchst du für die Kette
- 44 Eicheln
- 44 bunte Muschelscheiben mit Lochbohrung
- 4 Kokosholzornamente
- Baumwollkordel, gewachst, 70 cm lang
- Kastanie

für die Brosche
- Wollfilzreste
- Broschennadel
- Pinienzapfen
- Eichelhut
- Kokosholzornament
- Acrylfarbe in Türkis

für die Ohrringe
- 2 Eicheln
- 2 Ohrhaken
- 2 Ohrhakenstopper
- Baumwollkordel, gewachst, 20 cm lang

Hilfsmittel für alle
- UHU Sekundenkleber
- Drillbohrer
- Schere
- Nadel und Garn
- Fön
- Pinsel

Vorlage
Seite 128

Schwierigkeitsgrad
☒☐☐

a

b

Brosche

1 Für die passende Brosche benötigst du einen Pinienzapfen. Erwärme die Pinie mit einem Fön, sodass sich ihre einzelnen Schichten öffnen (Die Pinienkerne kannst du schälen und essen).

2 Entferne nun das untere Ende des Pinienzapfens. **c**

3 Fertige nach Vorlage ein Wollfilzteil an, dem du mithilfe von Nadel und Garn eine Broschennadel aufnähst. Den Filz an der Rückseite des Pinienelements mit Sekundenkleber befestigen. **d**

4 Einen Eichelhut mit Acrylfarbe in Türkis anmalen und mithilfe von Sekundenkleber auf ein Kokosholzornament kleben. Diese beiden wiederum auf das Pinienelement kleben. Fertig ist die tollste Naturbrosche der Welt! **e**

c

d

e

Die Pinie gehört zu den Kiefern und kommt im nördlichen Mittelmeerraum vor. Sie kann enorme 250 Jahre alt werden und wenn du die Samen der Pinienzapfen schälst, befinden sich darin die leckeren Pinienkerne. Mmmmmh!

Mmh, zum Anbeißen!

Ohrringe

1 Ohrschmuck: Mit dem Drillbohrer zwei Eicheln durchbohren. Danach musst du die Baumwollkordeln durchfädeln und oben einen Knoten machen.

2 Nimm die Ohrhaken und knote sie an der Baumwollkordel fest. Nun noch den Ohrhakenstopper aufgeschoben und fertig ist ein tolles Geschenk für eine Naturfreundin. **f**

f

OUTDOOR-TRAUMFÄNGER
für große Träume

Ahrr, eine Falle!!

So geht's:

1 Gib Alpträumen keine Chance! Klebe alle fünf Zentimeter ein Stück doppelseitiges Klebeband auf den Hulahoop-Reifen.

2 Fleiß pur: Du musst den ganzen Reifen mit der lila-grauen Wolle umwickeln. Die Wolle hält dann an den doppelseitigen Klebestreifenstücken von allein. Die kleinen Armreifen umwickelst du in der gleichen Weise. **a**

3 Arbeite draußen: Nun sprühst du acht der großen Sterne mit der blauen Sprühfarbe ein und lässt sie trocknen. **b**

4 Knote die weiße Wolle am Reifen fest und lege sie in großen Schlingen um den Reifen. Schlinge die Wolle um die Schlaufen der vorhergehenden Reihe. Auch die nächste Reihe Schlaufen lässt du locker hängen. Ziehe sie erst am Schluss fest, damit sich das Netz strafft. In der Mitte schiebst du die kleinen grünen Perlen und die orange Perle auf die Wolle und ziehst das Flechtwerk straff, bis dir das Netz fest genug erscheint. Verknote das Fadenende an den Perlen. Mit den kleinen Reifen verfährst du ebenso. **c**

5 Nimm nun etwas Holzleim und mische die Leuchtpigmente unter. Die weißen Wollfäden pinselst du mit dem Klebstoffgemisch ein, damit dein Netz auch im Dunklen leuchtet (oder du verwendest fluoreszierende Wolle). **d**

6 Nun fädelst du auf zwei weiße Fäden je 20 Leuchtperlen und auf einen Faden 25 Leuchtperlen. An den Enden fädelst du Federn auf. Die Federkiele versteckst du unter Washitape. Die Fäden knotest du nun unten an deinen Traumfänger und die kleinen Traumfängerringe links und rechts an die Seiten des großen Traumfängers.

7 Lege deinen Traumfänger nun flach hin und klebe mit Sekundenkleber die Sterne auf. Auf die blau besprühten Sterne klebst du jeweils einen kleinen Leuchtstern. Nun musst du oben noch einen Faden anbringen, um deinen Traumfänger draußen in einen Baum hängen zu können. Nachts leuchtet er wie ein Spinnennetz! **e**

Das brauchst du
- Hulahoopreifen, ø 76 cm
- 2 kleine Armreifen, ø 8 cm
- Wolle „Florida" Lila-Grau, 50 g
- Wolle in Weiß, 25 g
- Packung Nachtleuchtpigmente
- Sprühfarbe in Kobaltblau
- 65 nachleuchtende Perlen, ø
- 22 nachleuchtende Sterne, ø 4 cm
- 8 nachleuchtende Stern, ø 3 cm
- 2 Holzperlen rund in Hellgrün, ø 0,8 cm
- Holzperle rund in Orange, ø 2 cm
- 3 Holzperlen in Natur, ø 2 cm
- Holzperle in Dunkelblau, ø 2 cm
- 2 Holzperlen in Türkis, ø 1,6 cm
- 6 Hühnerfedern in Türkis
- 2 Hühnerfedern in Blau
- Washitape „red lace", 12 cm lang

Hilfsmittel
- UHU Sekundekleber
- UHU Holzleim
- UHU doppelseitiges Klebeband extrastark
- altes Glas
- Pinsel
- große Nadel

Schwierigkeitsgrad

Ursprünglich kommen die Traumfänger aus der indianischen Kultur, wo sie die Träume filtern: Die guten gehen durch und kommen bei dir an und die schlechten Träume verfangen sich im Netz und werden von der Morgensonne aufgelöst.

MAGISCHES LICHT

Lavalampe

Das brauchst du
- Flasche, 1 l
- 2 Brausetabletten, z.B. Alka Selzer
- Lebensmittelfarbe in Grün oder Rot
- Speiseöl 0,5 l
- Taschenlampe

Hilfsmittel
- Wasser, 0,25 l
- Trichter
- Messer

Schwierigkeitsgrad
☒☐☐

Das Öl hat eine geringere Dichte als Wasser und schwimmt daher oben. Wenn du nun die Brausetablette ins Wasser wirfst entsteht Kohlenstoffdioxid, das nach oben strömt und ein bisschen von dem Wasser mitnimmt. So entsteht der Lavaeffekt.

So geht's:

1 Löse das Etikett von einer alten Flasche, indem du sie für 15 Minuten in heißes Wasser stellst.

2 Fülle die Flasche mit 0,75 l Speiseöl. Den Rest der Flasche kannst du mit Wasser auffüllen. Du kannst jetzt schon sehen wie sich kleine Blasen bilden. **a+b**

a

b

3 Fülle danach 20 Tropfen Lebensmittelfarbe in die Flasche. **c**

c

4 Zerteile mithilfe eines Messers eine Brausetablette in acht Teile. Wirf nun ein bis zwei Stückchen in die Öl-Wasser-Mischung. Du wirst sehen, wie die Mischung anfängt zu sprudeln. **d**

d

5 Besonders eindrucksvoll leuchtet deine Lavalampe, wenn du in der Nacht eine Taschenlampe unter die Flasche hältst, sodass die Flüssigkeit hell erleuchtet ist. Immer wenn du deine Lavalampe wieder aktivieren möchtest, wirfst du ein Stück Brausetablette dazu.

CALAMITY JANE

~~Revolver~~ Revolver für Ladies

Das brauchst du
- Stock, ø 2 cm, 14,5 cm lang
- Stock, ø 1,5 cm, 7 cm lang
- 2 Schrauben in Messing, ø 2 mm, 3,5 cm lang
- 2 Schrauben in Silber, ø 2 mm, 1,5 cm lang
- Schraube in Messing, ø 2 mm, 2,5 cm lang
- Schraube in Silber, ø 2 mm, 3,5 cm lang
- 2 Reißzwecken mit Motiv, ø 1 cm
- 2 Zahnscheiben, ø 1,5 cm
- Polsternagel, ø 2 cm
- Wäscheklammer aus Holz, 7,3 cm lang
- starkes Gummiband, ø 11,5 cm
- Endstück aus Seilspannsystem, ø 1,3 cm mit Verjüngung auf 0,7 cm, 2 cm lang (oder Alurohrreste)

Hilfsmittel
- Säge
- Schraubenzieher
- Hammer

Schwierigkeitsgrad

So geht's:

1 Du benötigst einen dicken und einen dünnen Stock. Den dünneren Stock mit einer Säge leicht anschrägen und mit einer 2,5 cm langen Schraube am dickeren Stock befestigen. Der dünne Stock ist der Griff. **a**

a

2 Den Polsternagel hinten in den dicken Stock einschlagen. Am vorderen Ende mithilfe einer 3,5 cm langen Schraube das Endstück anschrauben. **b+c**

b

3 An der Seite zwei Zahnscheiben mit Reißzwecken fixieren.

c

4 Für den Abzugshahn befestigst du eine Wäscheklammer mithilfe zweier 1,5 cm langer Schrauben an der Oberseite des dicken Stockes. Dazu musst du vor dem Anschrauben die Klammer teilen und anschließend wieder zusammensetzen. **d**

d

5 Zwei 3,5 cm lange Schrauben am vorderen Teil des dicken Stockes eindrehen. Spanne ein starkes Gummiband um die Schrauben, das andere Ende befestigst du in der Wäscheklammer. Dein Revolver ist nun fertig! Leichte Gegenstände (eine Wattekugel oder einen kleinen Zapfen) kannst du als Geschoss an das Gummi spannen und mit Druck auf die Wäscheklammer auslösen. Wie bei allen Geschossen gilt: **Nicht auf Menschen oder Tiere zielen! e**

e

HOPPSASSA

Springseil

Das brauchst du
- 2 hölzerne Springseilgriffe
- Schnur in Blau, 20 m lang
- Schnur in Pink, 20 m lang
- 10 Metallglöckchen, ø 15 mm
- Acrylfarbe in Sonnengelb und Türkis
- Sprühlack in Klar

Hilfsmittel
- UHU Alleskleber SUPER strong & safe
- Schere
- Nadel und Garn
- Pinsel
- Kreppklebeband

Schwierigkeitsgrad
☒☐☐

So geht's:

1 Hü-Hüpf! Um dein ganz individuelles Springseil zu knüpfen, brauchst du insgesamt 40 m Schnur in den Farben deiner Wahl. Lege die Schnüre doppelt, sodass am oberen Ende jeweils eine Schlaufe entsteht. **a**

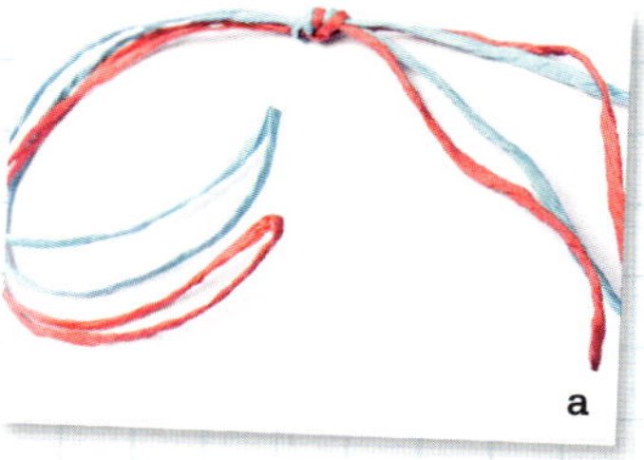

2 Verknote die beiden Stränge am unteren Ende miteinander, die freien Enden stehen jetzt heraus.

3 Zum Knüpfen legst du den Strang vor dich hin und bildest mit dem pinken Strang eine Schlaufe durch die du blaue Schlaufe legst. **b**
Nun den pinkfarbenen Strang nach links festziehen. Die blaue Schlaufe ist erhalten geblieben. **c**
Durch diese blaue Schlaufe nun den pinkfarbenen Strang als Schlaufe legen und das blaue Strangende nach rechts festziehen. Die pinkfarbene Schlaufe bleibt wieder erhalten. **d**
Diese nutzen um einen blauen Strang als Schlaufe durchzulegen und den pinkfarbenen Strang nach links straff ziehen. Jetzt wieder durch die blaue Schlaufe den pinkfarbenen Strang zur Schlaufe legen und den blauen Strang nach rechts straff ziehen. **e+f**

Wusstest du, dass beim Seilspringen fast jeder Muskel im Körper beansprucht wird? Somit ist Seilspringen geeignet, um dein Herz-Kreislauf-System fit zu halten. Beim Ausdauersport werden Endorphine ausgeschüttet, die dafür Sorgen, dass du dich glücklich fühlst. Also, wer hüpft am längsten?

Vorsssicht, ich bin ein Klapperspringseil!

4 Springseile sollten immer so lang sein, dass die Enden bis unter die Achseln reichen (mit Griff). Knüpfe also ein ausreichend langes Seil.

5 Wenn du mit der Knüpfarbeit fertig bist kannst du die Enden kürzen und mithilfe von starkem Alleskleber in die Holzgriffe einkleben.

6 Nähe nun jeweils fünf Metallglöckchen unterhalb eines Holzgriffes an.

7 Abschließend kannst du die Holzgriffe mit Kreppklebeband abkleben, mit Acrylfarbe in Sonnengelb und Türkis bemalen und anschließend mit Klarlack besprühen, der die Farbe abriebfest macht. g

FANG DIE SONNE EIN!

Glasklimpermobile

Das brauchst du
- Stock, ø 3 cm, 40 cm lang
- Baumwollkordel, gewachst, ø 1 mm, 3 m lang
- 66 Glasscherben
- 115 g Glasperlen, ø 1,5 cm
- Lederband, 65 cm lang

Hilfsmittel
- UHU HART Spezialkleber
- Schere
- Bohrmaschine
- Unterlage
- Gewebeklebeband
- Klebefilm

Schwierigkeitsgrad
☒ ☐ ☐

So geht's:

1 Ein Sonnenstrahlenfänger! Such dir einen stabilen Stock, als Halterung für das Klimpermobile. Bereite dann deinen Basteltisch vor – du kannst ihn beispielsweise mit Zeitung abdecken.

2 Suche dir bunte Glasscherben – vor allem am Strand findest du oft ganz irre Stücke. Die Scherben nach Farben sortieren. Glasperlen bekommst du im Bastelladen.

3 Nimm die Baumwollkordel, teile sie in sechs 50 cm lange Stücke. Fixiere diese Schnüre mit Gewebeklebeband auf deiner Bastelunterlage.

4 Die Perlen fädelst du auf, die Scherben fixierst du erstmal mit Klebefilm. Wenn alles eine hübsche Position hat, kannst du Spezialkleber auf die Klebefilmrückseite der Scherbe geben und eine gleichfarbige Scherbe dagegen drücken. **a+b**

Wow, wie das funkelt!

5 Bitte nun einen **Erwachsenen**, acht Löcher in den Stock zu bohren. Die beiden äußeren Löcher sind für die Aufhängung gedacht. Dazu das Lederband durch die äußeren Löcher ziehen und unter dem Stock verknoten. **c**

6 Durch die anderen sechs Löcher ziehst du vorsichtig die Anfänge der einzelnen verzierten Stränge. Oberhalb des Stockes ziehst du den Strang jeweils doppelt durch eine Perle und fixierst ihn mit einem Knoten. Wie das glitzert! **d**

a

b

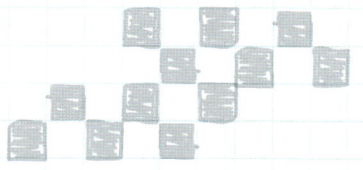
c

d

Der Mensch kann Licht in verschiedenen Farben sehen. Das Sonnenlicht ist eine Mischung aus allen Farben und erscheint uns daher weiß. Es ist aber gar nicht so schwierig das Sonnenlicht in seine Einzelteile zu zerlegen: Ein Glasprisma spaltet beispielsweise das Licht in verschiedene farbige Reflexe.

VOLL AUF DIE 12!

Mädchenzwille

Das brauchst du
- 2 frische Äste gekrümmt, 12 cm lang (oder Astgabel)
- 5 Gummibänder in Lila, ø 6,5 cm
- 5 Gummibänder in Pink, ø 6,5 cm
- Lederrest in Hellblau
- 2 Messingösen, ø 4 mm

Hilfsmittel
- Loch- und Ösenzange

Vorlage
Seite 123

Schwierigkeitsgrad
☒☐☐

So geht's:

1 Du brauchst ne Zwille? Suche dir als erstes zwei Zweige, die leicht gekrümmt sind (oder eine Astgabel).

2 Lege die beiden Ästchen so aneinander, dass deren Krümmung voneinander weg zeigt. Fixiere sie, indem du drei pinke Gummibänder darum wickelst. **a**

3 Schneide dir das Lederstück entsprechend der Vorlage zu. Mit einer Lochzange machst du links und rechts ein Loch hinein, dann drückst du durch die Löcher die Messingösen. **b**

4 Durch die Ösen ziehst du nun jeweils ein violettes Gummiband und fädelst die Schlaufe von der einen Seite durch die Schlaufe, die auf der anderen Seite entstanden ist. Ziehe nun fest an der durchgezogenen Schlaufe bis sie sich strafft. **c+d+e**

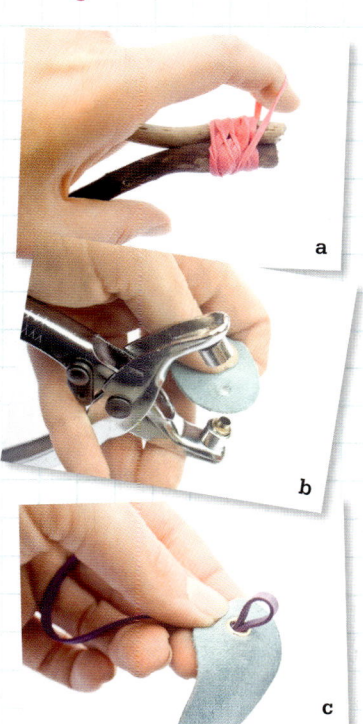

5 Die langen Schlaufen wickelst du um jede Astgabel dreimal herum. Anschließend nimmst du dir noch die zwei übrig gebliebenen Gummibänder und wickelst jeweils eins straff über die violetten Gummibänder. **f**

6 Die Zwille passt fast in jede Hosentasche. Nun musst du dir nur noch Munition suchen – Kieselsteine oder die Seedbombs von Seite 38 sind super geeignet. Die Gummibänder halten viel aus und je fester du spannst, umso besser fliegt die Munition. Spannen (**Nicht auf Leute zielen!**) und …loslassen!

KNOCHENMANN

...bewacht das Hauptquartier

So geht's:

1 Nimm dir für die Beine je ein 50 cm Stück Draht und fädele eine Makkaroni an ein Ende und anschließend eine kleine Holzperle. Den Draht, der aus der Holzperle steht, biegst du um und fädelst ihn erneut durch die Makkaroni. Das gleiche machst du mit zwei weiteren Makkaroni und Perlen. **a**

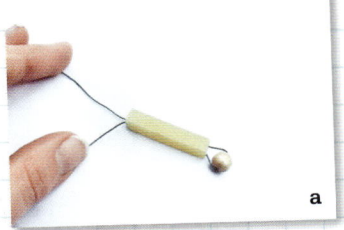

2 Den Draht verdrehst du einmal oben und fädelst weitere Perlen und Makkaroni auf. Immer da, wo die Gelenke sind, setzt du eine Perle ein. Auf diese Weise machst du dir zwei Beine. Genauso gehst du mit den Armen vor, nur dass du eine Makkaroni durch brichst, damit der Daumen kürzer ist als die anderen Figur.

3 Mit einem 70 cm-Draht fädelst du mit den Quadrelli in Becken. Die Wirbelsäule und die Rippen sind aus gefädelten Makkaroni und Hörnchennudeln.

4 Mit dem letzten Stück Draht formst du den Kopf, indem du den Draht immer von links nach rechts und dann durch die nächste Quadrelli von rechts nach links durchschiebst. Es müssen immer zwei Drahtstränge durch eine Quadrelli gezogen werden.

5 Wenn du alle Einzelteile hast – Beine, Arme, Körper Kopf – dann verdrehst du die Drähte miteinander. Die überstehenden Stücke kannst du mit einem Seitenschneider abschneiden.

6 Mische fünf Esslöffel Acrylfarbe mit einem Drittel Beutel Leuchtpigmente und male dein Nudelskelett damit an.

7 Wenn alles trocken ist, kannst du noch ein Gesicht mit wasserfestem Stift aufmalen und dein Skelett mit einem Herzaufkleber verzieren. Der leuchtende Knochenmann beschützt dein Baumhaus vor anderen Banden!

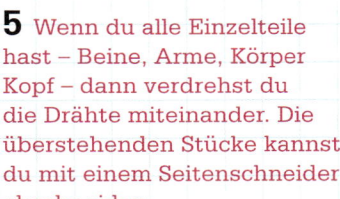

Das brauchst du
- 40 Makkaroni
- 12 Quadrelli
- 6 Hörnchennudeln
- Blumendraht, ø 0,8 cm, 3 m lang
- Acrylfarbe in Weiß
- Nachtleuchtpigmente
- 10 Holzperlen, ø 0,5 cm
- 10 Holzperlen, ø 1 cm
- 9 Holzperlen, ø 0,7 cm
- Permanentmarker in Schwarz
- Glitzerherzaufkleber, ø 1,8 cm

Hilfsmittel
- Pinsel
- Seitenschneider

Schwierigkeitsgrad
☒ ☒ ☐

HIPPE HELMZIER

nicht nur für Skater

Das brauchst du
- Fahrradhelm für Kinder
- Plastikfiguren, z. B. Zauberer, Phoenix und Chamäleon
- Lederrest in Hellblau, 1–2 mm stark, 13 cm × 15 cm
- Filzschnur mit Farbverlauf in Brauntönen, 4 m lang
- 2 Sticker „Blatt", ø 3 cm
- 3 Sticker „Kreis", ø 3 cm
- Sticker „Seestern", ø 3 cm

Hilfsmittel
- UHU Alleskleber
- UHU plus schnellfest
- UHU Schuh & Leder
- Sisalschnur
- Schere

Vorlage
Seite 123

Schwierigkeitsgrad
☒☒☐

So geht's:

1 Was auf den Hut! Wenn du Zauberwelten liebst, nimmst du Zauberer und Fabeltiere, wenn du ein Safarifreund bist, nimmst du einen wilden Plastiklöwen.

2 So pimpst du einen alten Fahrradhelm: Schneide die Wolkenform aus dem blauen Lederrest entsprechend der Vorlage zu und klebe sie mithilfe von Lederkleber vorne auf den Helm. **a+b**

3 Umklebe den unteren Helmrand mit drei Lagen Filzschnur. **c**

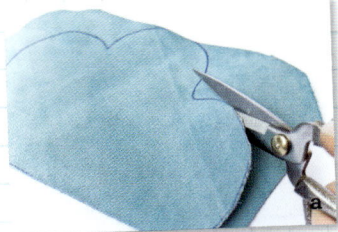
a

b

c

4 Nimm dir nun deine auserwählten Spielfiguren und klebe sie mit Zweikomponentenkleber an den Fahrradhelm. Da dieser Kleber längere Zeit braucht, um zu trocknen, solltest du als Hilfsmittel eine Schnur um die Figur legen und sie so für die nächsten 20 Minuten trocknen lassen. **d**

5 Wenn alles getrocknet ist, kannst du als Verzierung noch ein paar Sticker anbringen. Auf ins nächste Abenteuer! **e**

d

e

EXPELLIARMUS!
Zauberstab mit Plopp

Das brauchst du
- Ölpapier, 18 cm × 2 m
- Holzstab, ø 1,6 mm, 30 cm
- Holzscheibe in Blau, Lila und Rot
- Washitape „red lace", 2 m lang

Hilfsmittel
- UHU Holzleim
- Klebefilm
- Schere

Schwierigkeitsgrad
☒ ☐ ☐

Ölpapier hat man ursprünglich benutzt, um Schiffsfracht wasserdicht einzupacken. Diese Eigenschaft kann man aber auch für andere tolle Dinge nutzen. Bau doch mal ein Papierboot daraus und lass es schwimmen. Es wird nicht nass.

So geht's:

1 Entwaffnender Zauberstab: Klebe die kurze Ölpapierseite mit Klebefilm an das eine Ende des Stabes.

2 Auf das Ölpapier klebst du zur Verzierung einen Streifen Washitape.

3 Jetzt wickelst du die kompletten zwei Meter Ölpapier eng um den Stab. Mit einem kleinen Stück Klebefilm fixierst du das Ende vorerst. **a+b**

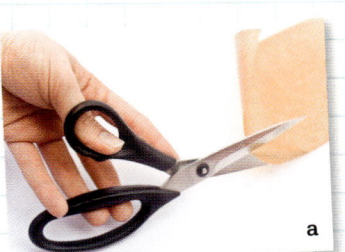

4 Nun nimmst du die Holzscheiben und schiebst sie auf den Holzstab und befestigst sie mit einem Tropfen Holzleim, den du ins Perlenloch gibst. **c**

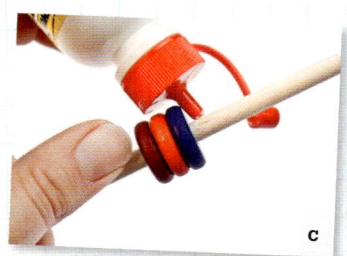

5 Wenn du den Fixierklebestreifen von dem aufgerollten Papier löst und jetzt mit Schwung ausholst, dann rutscht das ganze gerollte Papier in sich nach vorn, kommt aber auch wieder zurück. Das liegt an den tollen Gleiteigenschaften des Papiers. Fast wie ein Zauberstab – oder? **d**

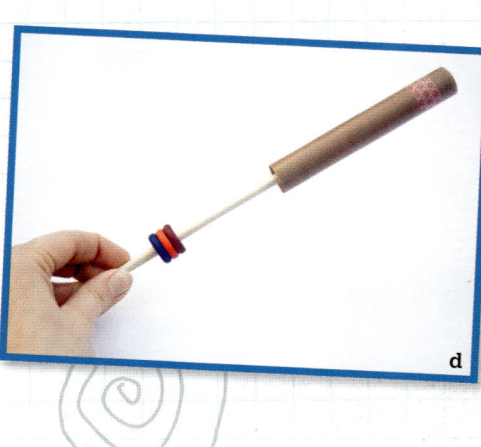

BASEBALL FOR KIDS

Klettschläger

Das brauchst du
- Arbeitshandschuh
- 9 Stöcke, 50 cm lang
- 3 Kabelbinder, 25 cm lang
- Holzstab, 25 cm lang
- Stopfwatte, 80 g
- Klettverschlussband, 2 cm × 80 cm lang
- Baumwollkordel, gewachst, 1 m lang
- Leder in Hellblau, 20 cm × 25 cm
- Lederriemen in Braun und Grün, ø 2 mm, 2 m lang

Hilfsmittel
- Nadel
- Schere

Vorlage
Seite 127

Schwierigkeitsgrad
☒ ☒ ☐

So geht's:

1 Fangarmverlängerung: Suche dir neun Stöcke und binde sie mit zwei Kabelbindern fest zusammen. **a**

2 Fülle einen Arbeitshandschuh mit Stopfwatte. Um die Finger richtig auszuformen, kannst du sie mit einem langen Holzstab nachstopfen. Stecke den Holzstab über die zusammengebundenen Stöcke und binde ihn mit einem weiteren Kabelbinder daran fest. **b+c**

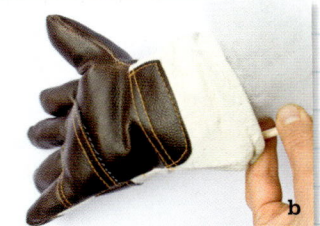

3 Wenn du magst, kannst du den Griff des Schlägers noch mit Leder verzieren. Schneide dir ein 16 cm × 25 cm großes Stück zurecht und binde es mit Lederriemen um die Stöcke. Verfahre genauso im oberen Bereich des Schlägers mit einem kleineren Zierelement, 4 cm × 25 cm.

4 Danach schneidest du dir nach Vorlage Klettverschlussteile zurecht und ordnest sie auf dem Handschuh an. **d**

5 Damit die Hand eine Greifform bekommt, nähst du mithilfe einer Nadel und einer Baumwollkordel die Finger aneinander. Schneide die überstehende Kordel ab. **e**

6 Bitte nun einen Freund, dir ein paar Soft- oder Tennisbälle zuzuwerfen, die du dann mit deinem neuen coolen Schläger fangen kannst. Na, wie geschickt bist du? **f**

Am besten bastelst du gleich zwei solcher Schläger. Dann kannst du im Duo mit deinem Kumpel spielen!

KEINE MÄDCHEN!

Räuberlagerschild

Das brauchst du
- Holzbrett, 38 cm × 57 cm × 2 cm
- Fugenmasse, 1 kg
- Buntstift in Gelb
- Acrylfarbe in Rehbraun
- Acrylfarbe in Kobaltblau
- Paketband, 1 m lang
- kleiner Spielzeugkram (Schlüsselanhänger, Cowboys, Schrauben, Dübel, Dosenverschlüsse, Flaschendeckel, Kronkorken)
- Sprühlack in Klar

Hilfsmittel
- Wasser
- alter Becher
- Löffel
- Spachtel
- Brandmalkolben
- Stift
- Pinsel
- Bohrer

Vorlage
Seite 129

Schwierigkeitsgrad

So geht's:

1 Privatgelände! Zuerst nimmst du dir das Holzbrett und bohrst zwei Löcher hinein, die später zur Aufhängung dienen. Suche dann in deiner Spielzeugkiste nach Kleinkram, den du nicht mehr brauchst. Wenn das Schild für euer Bandenhauptquartier werden soll, könnt ihr auch Beuteschätze verwenden.

2 Male das Brett rehbraun an. **a**

3 Wenn es trocken ist zeichnest du den Schriftzug und den Mädchenkopf mit dem Buntstift auf dem Brett vor. Dann nimmst du dir den Brandmalkolben. Achtung! Hier benötigst du einen **erwachsenen Assistenten**! Ziehe nun alle Linien mit dem Brandmalkolben nach. Das gibt dem Schild ein gefährlicheres Aussehen. **b**

4 Ab jetzt wird draußen gearbeitet: Rühre die Fugenmasse mit wenig Wasser und kobaltblauer Acrylfarbe entsprechend der Packungsanleitung an. Nach der Quellzeit trägst du mit einem Spachtel und einem Löffel die Fugenmasse wie einen Bilderrahmen auf deinem Schild auf. So lange die Fugenmasse noch feucht ist, drückst du den ganzen kleinen Spielzeugkram hinein. Die Löcher für die Aufhängung müssen frei bleiben. **c**

5 Lass dein Warnschild einen ganzen Tag lang trocknen und sprühe es anschließend mit dem Klarlack ein.

6 Zum Schluss fädelst du das Paketband durch die gebohrten Löcher und verknotest es. Jetzt kannst du dein Schild aufhängen. Ein guter Ort wäre vor deinem Räuberlager, damit alle Mädchen sofort wissen, dass sie gefälligst draußen bleiben sollen! **d**

Natürlich kannst du auch andere Schilder gestalten, für deine Zimmertür oder ein Namensschild für dein Kaninchen. Du kannst die Fugenmasse mit Acrylfarbe in deiner Lieblingsfarbe einfärben und statt Spielzeug Naturmaterialien wie Nüsse und Kastanien eindrücken. Ziemlich cool, oder?

Frechheit!

NACHT-POIS

Lichtmalerei leicht gemacht

So geht's:

1 Werde Jongliermeister! Sicherlich kennst du Pois von den tollen Feuershows auf Festivals oder Jahrmärkten. Wenn du selber welche möchtest, gehst du so vor: Schneide zwei Lederstreifen 1,6 cm × 21 cm zu. **a**

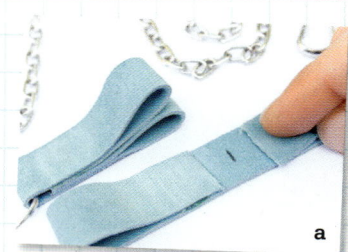

2 Jeweils in der Mitte der Streife einen Strich machen und die Seiten nach innen klappen. Klebe die umgeklappten Enden mit Lederkleber fest.

3 Nun klappst du den Riemen wie in der Abbildung gezeigt zusammen und klebst beide Seiten in der Mitte mit Lederklebstoff fest. Diese Riemen dienen später zum Einstecken von Zeige- und Mittelfinger. **b**

4 Nun befestigst du an der unteren Schlaufe der Lederriemen jeweils einen Schlüsselring mit dem Durchmesser von 2,5 cm. **c**

5 An den Schlüsselring schließt sich die Kette an. Die Kette muss immer ungefähr so lang sein wie dein Arm vom Handgelenk bis zur Schulter. Bitte miss also erstmal nach bevor du sie mithilfe einer Zange zuschneidest.

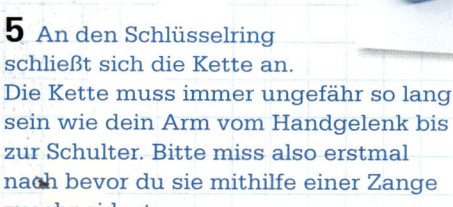

6 Am unteren Ende der Kette befestigst du wiederum jeweils einen Schlüsselring (2 cm Durchmesser). An den kleinen Schlüsselring jeweils einen Karabiner anbringen. **d**

Das brauchst du

- 2 Stück Leder, 1,6 cm × 21 cm
- Gliederkette, 92 cm lang
- 2 Schlüsselringe, ø 2,5 cm
- 2 Schlüsselringe, ø 2 cm
- 2 Karabiner mit beweglichem Endstück, 4 cm lang
- 2 Packungen Play Foam in Neonblau und Neongrün, nachtleuchtend
- 2 gleich große Steine
- Paketband, 2,40 m lang

Hilfsmittel
- UHU Schuh & Leder
- UHU Metall
- Zange

Vorlage
Seite 129

Schwierigkeitsgrad
☒ ☐ ☐

7 Zum Schluss musst du das eigentliche Leuchtmittel an der Kette befestigen. Nimm dafür Play Foam und rolle ihn um zwei Steine zu zwei Kugeln. Umwickle die Play Foam Kugeln mit Paketschnur und zwar so, dass der Ball mehrfach umschlossen ist und beim späteren Schwingen nicht rausrutschen kann. Die Paketschnur verknoten und den Karabiner mit einknoten. **e**

8 Deine Pois sind fertig. Um die Kugeln leuchten zu lassen, musst du sie kurz an eine Lichtquelle halten und die Jonglagebänder dann im Dunkeln schwingen lassen. **f**

Ich male Bilder in die Luft!

Wenn du ein bisschen herum experimentieren möchtest, nimmst du dir eine Kamera und stellst die Langzeitbelichtung ein. Wenn du nun z. B. mit einer Belichtungszeit von acht Sekunden ein Foto auslöst und ein Freund in dieser Zeit die Pois im Dunkeln schwingt, wirst du auf dem Foto wunderschöne Lichtspuren erkennen.

SCHEPPER & TRÖT

Hupengerät

Das brauchst du
- 7 Ballhupen, verchromt
- Buntlack in Türkisblau, Maigrün, Mittelgelb, Ultramarinblau, Rosa, Zartblau und Violett
- 7 Stöcke in unterschiedlichen Größen
- Motivband in Regenbogenoptik, 2,5 cm breit, 1 m lang
- 6 Muscheln
- 10 Glasscherben

Hilfsmittel
- UHU HART Spezialkleber
- UHU Doppelklebeband
- alte Zeitungen
- Säge

Schwierigkeitsgrad

So geht's:

1 Nebelhorn? Wenn du mal richtig Krach machen möchtest, baust du dir ein Hupeninstrument! Präpariere zuerst die Hupe mit Kreppklebeband, um die Gummibälle vor Farbe zu schützen. **a**

2 Gehe nach draußen und lege die Zeitungen aus. Sie sind eine Sprühunterlage: Besprühe die sieben Ballhupen in unterschiedlichen Farben. Dann müssen die Tröten trocknen. **b+c**

3 Schraube nun jeweils eine Ballhupe auf einen Stock. **d**

4 Zur Verzierung kannst du mithilfe von Doppelklebeband Motivband an den Stöcken anbringen oder mit starkem Alleskleber Muscheln und Glasscherben aufkleben. Nun musst du nur noch die Stöcke in die Erde stecken und das Hupkonzert kann beginnen.

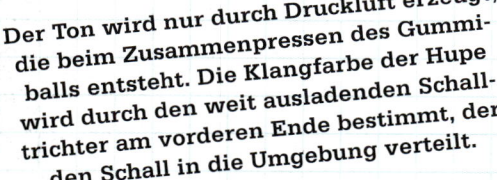

Der Ton wird nur durch Druckluft erzeugt, die beim Zusammenpressen des Gummiballs entsteht. Die Klangfarbe der Hupe wird durch den weit ausladenden Schalltrichter am vorderen Ende bestimmt, der den Schall in die Umgebung verteilt.

KRIEGSBEMALUNG
Matschschminke

Das brauchst du
- Holunderbeeren
- Mehl
- Tonerde oder Heilerde aus der Apotheke
- Kräuter oder Salatblätter (z. B. Spinat, Melisse, Basilikum)
- Wasser

Hilfsmittel
- Pinsel
- Löffel
- Sieb
- Gefäße zum Zuschrauben
- Mixer oder zwei Steine

Schwierigkeitsgrad
☒ ☐ ☐

So geht's:

1 Auf dem Kriegspfad? Pflücke zuerst ein bisschen Holunder und ein paar Küchenkräuter.

2 Drücke mit einem Löffel den Holunder durch ein Sieb, damit daraus Saft entsteht. Die Kräuter gibst du in einen Mixer. Wenn du draußen werkelst, dann musst du die Zutaten zwischen zwei Steinen zermatschen. Fange das Ergebnis jeweils in einem kleinen Gefäß auf. **a**

3 **Fliederfarbene Schminke**
Mische den gewonnenen Holundersaft mit etwas Mehl in einem Schraubglas. Du musst geduldig sein und das Mehl löffelweise dazu geben. Die Konsistenz sollte ungefähr wie Apfelmus sein.

Grüne Schminke
Nimm die gesammelten Kräuter und gib sie mit wenig Wasser in einen Mixer. Nun gibst du löffelweise gesiebte Tonerde dazu. Mit dem Mixer gut durchwirbeln.

Ockerfarbene Schminke
Mische die Tonerde mit Wasser bis die Konsistenz in etwa wie die von Eiscreme ist.

Rotbraune Schminke
Die rote Erde musst du sieben und mit Wasser anrühren.

Graue Schminke
Nimm etwas gesiebte Tonerde und ein bisschen von deinem selbst gepressten Holunderbeerensaft und mische beides miteinander. **b**

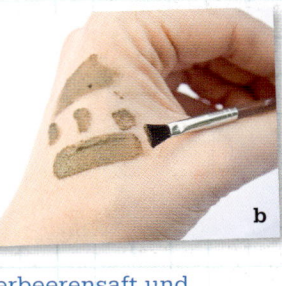

4 Deine Schminke ist etwa drei Tage haltbar. Wenn sich in dieser Zeit die Erde absetzt, kannst du die Farbe einfach kräftig umrühren und wieder benutzen. **c**

MONSTERSCHLEIM

Extrem eklig!

Das brauchst du
- 2 Tassen Speisestärke
- Lebensmittelfarbe in Grün
- Papier in Weiß, A5
- Bunt- und Filzstifte

Hilfsmittel
- Tasse Wasser
- Tasse
- Gefäß
- Schneebesen
- UHU Alleskleber

Vorlage
Seite 127

Schwierigkeitsgrad
☒ ☐ ☐

So geht's:

1 Monströs! Um Furcht erregend ekeligen Monsterschleim herzustellen, brauchst du als erstes eine große Schüssel. Dort füllst du eine Tasse Wasser hinein und zwei Tassen Speisestärke. Rühre während des Einfüllens der Speisestärke die Flüssigkeit kontinuierlich um. **a**

2 Damit der Monsterrotz besonders abscheulich wird, mischst du grüne Lebensmittelfarbe in die Masse. **b**

3 Wenn du nun den Monsterschleim in ein anderes Gefäß füllst (beispielsweise drei kleinere, um ein bisschen Schleim zu verschenken), wirst du merken, dass seine Konsistenz ganz absonderlich ist: Es bilden sich lange Fäden und manchmal erscheinen sogar Klumpen. Außerdem ist auffällig, dass sich die Flüssigkeit zwar rühren lässt, sie aber, wenn man mit einem Löffel auf sie einschlägt, nur stur vor sich hin wabert. Wenn man also mit langsamer Geschwindigkeit in den Schleim sticht, kommt man sehr gut durch die Oberfläche zum Inneren, aber bei schneller Geschwindigkeit bietet der Monsterrotz Widerstand. Werfe mal einen Gummihelden in den Schleim – was passiert?

4 Male ein fieses Monster, schneide es aus und klebe es auf dein Glas mit Monsterpopel! **c**

FISCHMUMIE

Einbalsamiert wie ein Pharao

Das brauchst du
- Fisch (z. B. Makrele), ausgenommen
- 24 Packungen Backpulver
- Leinenband, 1,50 m lang
- Olivenöl
- Zitronenduftöl
- Mattlack

Hilfsmittel
- Glasgefäß
- Küchenmesser

Schwierigkeitsgrad
☒ ☐ ☐

So geht's:

1 Trockenfisch? Für dieses abgefahrene Experiment benötigst du eine Auflaufform, einen Fisch und Backpulver.

2 Zu Beginn musst du den Fisch ausnehmen und seine Schuppen entfernen. Das geht am besten mit einem normalen Küchenmesser. **a**

3 Fülle nun das Gefäß vier Zentimeter hoch mit Backpulver und lege den ausgenommenen Fisch hinein. Den Bauchraum des Fisches musst du ebenfalls mit Backpulver füllen. Wenn du damit fertig bist, bedeckst du den Fisch von oben mit einer 4 cm hohen Backpulverschicht. Du musst ihn eine Woche so ruhen lassen. **b+c**

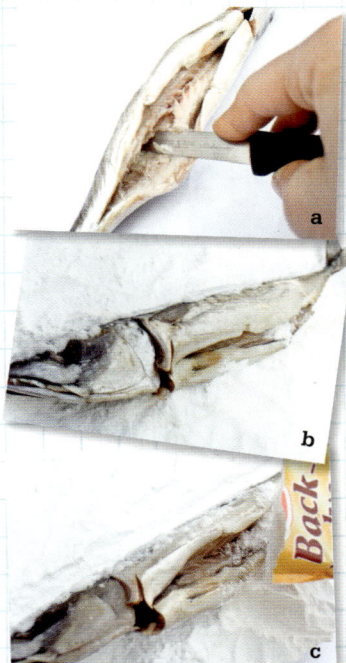

Das Backpulver entzieht dem Fisch die Feuchtigkeit, das nennt man Mumifizierung. Bereits die alten Ägypter haben ihre Leichen mit Natron mumifiziert. Bastle deinem Fisch-Pharao doch außerdem einen Sarkophag.

4 Den Fisch jetzt aus dem Gefäß nehmen, das Backpulver entfernen und für mindestens eine weitere Woche in neues Backpulver einlegen bis er ganz ausgetrocknet und ledrig ist. Jetzt ist der Fisch mumifiziert.

5 Einbalsamierung: Wenn du deinen Fisch noch in Mumienbänder wickeln möchtest, dann reibst du ihn mit Oliven- und Duftöl ein – die Pharaos waren schließlich Könige! – und wickelst ihn dann so lange mit Leinenband ein, bis kein Öl mehr durchsickert. Abschließend kannst du den Wickelfisch noch mit Mattlack lackieren. Fertig ist deine eigene, echte, fluchfreie Mumie. **d**

GIB ALLES!

Washer Game – Hufeisenwerfen war gestern!

So geht's:

1 Ein Spiel für den Park! Arbeite draußen und decke deine Arbeitsfläche mit alten Zeitungen ab: Sprühe zuerst die „Washers", also die Wurfscheiben mit Buntlack an. Jeder Spieler bekommt drei Wurfscheiben. Besprühe also drei mit Buntlack in Rosa, drei in Türkisblau und drei in Scharlachrot. **a**

Das brauchst du
- 12 Nägel, 3 cm lang
- 6 Unterlegscheiben, ø 4,5 cm
- Kiefernholz, 0,7 cm stark, 35 cm × 35 cm
- 2 Kiefernbretter, 1,6 cm stark, 35 cm × 7,5 cm
- 2 Kiefernbretter, 1,6 cm stark, 31,8 cm × 7,5 cm
- PVC-Rohr, ø 10 cm, 7,5 cm lang
- Motivpapier, 31,8 cm × 31,8 cm
- Buntlack in Türkisblau, Rosa und Scharlachrot
- Naturkordel, 38 cm lang
- 3 Muscheln
- 4 Treibholzstäbe
- 29 Mosaiksteine, 1 cm × 1 cm
- 9 Korken
- 3 Glasscherben

Hilfsmittel
- UHU Alleskleber SUPER strong & safe
- UHU Doppelklebenband
- alte Zeitungen
- Säge
- Hammer

Vorlage
Seite 124

Schwierigkeitsgrad

Jaaa, ich schaffe es!

2 Jetzt ist dein **erwachsener Assistent** dran: Nach Vorlage darf er die Kiefernholzteile für den Grundkasten aussägen (Du kannst alternativ auch einen fertigen quadratischen Kasten benutzen). Die Kantenlänge des Grundquadrats beträgt 35 cm.

3 Nagle die einzelnen Holzteile an die Grundfläche. Besprühe den fertigen Kasten mit Buntlack in Türkisblau. **b**

4 Entsprechend der Vorlage ein Motivpapier zuschneiden und mit Doppelklebeband in den Kasten kleben. **c**

5 Dein **erwachsener Assistent** darf unterdessen das PVC-Rohr in der Höhe der Seitenwände (hier 7,5 cm) zusägen und es genau in der Mitte des Kastens ankleben.

6 Verziere das Rohr noch mit der Naturkordel und die Kiste mit unterschiedlichen Naturmaterialien. Das spannende Spiel kann losgehen! **d**

Spielregeln:

Es kommt besonders auf die Zielsicherheit an. Gewonnen hat derjenige, der zuerst 21 Punkte hat.

Der jüngste Spieler fängt an und wirft alle drei Wurfscheiben. Dann erst wirft der zweite Spieler seine drei Scheiben, dann der dritte. Man erhält einen Punkt, wenn man die Wurfscheibe in die Box wirft und drei Punkte wenn man in die Röhre in der Mitte des Washer Kastens trifft. Wer neben die Box wirft, bekommt keinen Punkt für diesen Schuss. Man wirft so lange bis ein Spieler 21 Punkte zusammen hat.

FEEL THE BEAT!

Maracainstrument

Das brauchst du
- 2 Flaschenkürbisse
- Sprühfarbe in Rot, glänzend
- Perlenmaker in Perlmutt
- Permanentmarker in Schwarz
- 2 Gummibänder in Sonnengelb, 15 cm, ø 2 mm
- 2 Gummibänder in Orange, 15 cm, ø 2 mm
- 2 Gummibänder in Feuerrot, 15 cm ø 2 mm
- Washitape in Flaschengrün, 20 cm lang
- ½ Tasse Reis

Hilfsmittel
- UHU creativ für Naturmaterialien
- alte Zeitungen
- ein großes Glas
- Stricknadel
- Laubsäge

Schwierigkeitsgrad

So geht's:

1 Mach Musik! Säge von den Flaschenkürbissen am Hals 6 cm ab. Wenn du noch nie mit einer Laubsäge gearbeitet hast, solltest du dir von einem **Erwachsenen** dabei helfen lassen. **a**

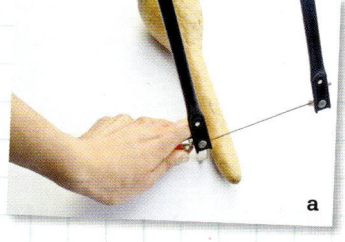

2 Mit einer Stricknadel stocherst du im Kürbis, um das Innere zu lockern. Lass die Kerne aus dem Loch rieseln. Gelingt es dir nicht, den Kürbis restlos zu entleeren, dann ist das nicht besonders schlimm, denn die Kerne rasseln später einfach mit. **b**

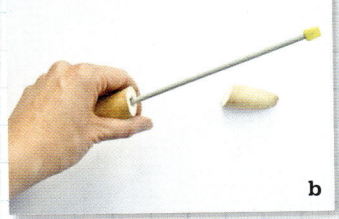

> Ramba zamba!

Maracas sind Kürbisrasseln. In Südamerika sind sie weit verbreitet und werden als Perkussionsinstrumente bei Bolero oder Salsa verwendet. Traditionell wurden die Muster eingebrannt oder geschnitzt.

Probiere auch andere Füllungen: Linsen, Pfefferkörner, Kiesel oder Bohnen – alles gibt einen anderen Sound!

3 Ab jetzt wird draußen gewerkelt! Stecke die Kürbisse nun auf eine Stricknadel oder einen Stab und sprühe sie mit der roten Farbe gleichmäßig an. Ebenso die abgesägten Enden. **c**

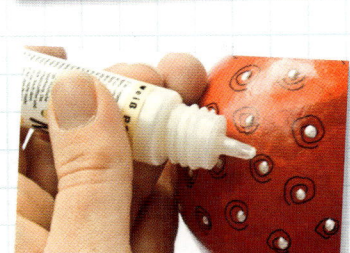

4 Wenn die Farbe getrocknet ist, malst du mit einem wasserfesten Stift Kringel darauf und in die Mitte der Kringel setzt du anschließend einen Perlenpunkt mit dem Perlmaker (Du kannst natürlich auch Gesichter aufmalen). Lass alles gut über Nacht trocknen. **d+e**

5 Nun nimmst du die Gummilitzen und machst ein Knoten in die Enden, sodass ein Gummiring entsteht. Wickle die Gummis wie Haargummis um die Stiele. **f**

6 Drehe die Flaschenkürbisse um und fülle durch die Öffnung Reis ein. An den Rand der Öffnung trägst du nun Klebstoff auf und drückst die abgesägten Teile fest an und hältst das ganze ein paar Minuten. Zum Schluss wickelst du noch etwas Washitape über die Klebestelle, um sie zu verdecken. **g+h**

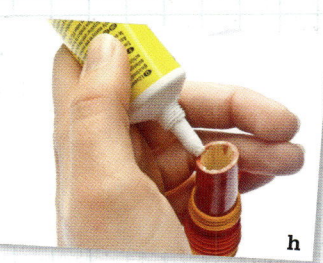

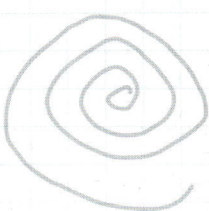

BIS ES SPRITZT!

Schießbilder mit Farbeiern

Das brauchst du
- Leinwand, 30 cm × 70 cm
- Permanentmarker in Schwarz
- Acrylfarbe in Petrol
- Acrylfarbe in Magenta
- Acrylfarbe in Sonnengelb
- 10 Eier

Hilfsmittel
- UHU creativ Holz & Naturmaterialien
- Eierpiekser (oder Nadel)
- Einmalspritze
- Schüssel
- Wasser
- Zirkel oder verschieden große Teller und Gläser

Schwierigkeitsgrad

So geht's:

1 Eierangriff! Nimm dir die Leinwand zur Hand und male dir mit einem Zirkel ein paar Kreise darauf – immer schön ineinander, damit Zielscheiben entstehen. Die Zirkelkreise musst du dann mit einem wasserfesten Stift nachziehen. Du kannst aber auch Strichmännchen auf die Leinwand malen. **a**

2 Nun kommt etwas, das du schon vom Osterfest kennst: Blase alle Eier aus, indem du vorsichtig oben und unten ein Loch einstichst und das Loch anschließend mit einer Nadel etwas vergrößerst. Abschließend füllst du Wasser in die Eier und pustest noch mal durch, damit sie innen auch halbwegs sauber sind.

3 Stelle die Eier nun zurück in die Packung und tröpfle den Klebstoff auf die oberen Löcher. Warte bis der Kleber trocken ist. Dann drehst du die Eier in der Packung um. **b**

Besonders viel Spaß machen die Schießbilder, wenn du sie beim Kindergeburtstag als Wettbewerb gestaltest und jeder nur Eier in einer bestimmten Farbe bekommt – dann kannst du anschließend schauen, wer wie oft getroffen hat.

Ich spiel' nicht mit!

4 Nimm eine Einmalspritze, ziehe etwas Acrylfarbe auf und spritze sie in die Eier. Wenn du das bei allen Eier gemacht hast, ziehst du die Spritze noch mal mit etwas Wasser auf und spritzt es ebenfalls durch die Öffnung in die Eier. **c+d+e**

5 Anschließend klebst du auch dieses Loch zu. Wenn der Klebstoff trocken ist, schüttelst du die Eier vorsichtig nacheinander durch, damit sich das Wasser mit der Acrylfarbe im Inneren mischt.

6 Nun gehst du mit der Leinwand und den Eier nach draußen und dein Schießwettbewerb kann beginnen. Na? Hast du immer die Leinwand getroffen? Lass dein Kunstwerk trocknen. Anschließend kannst du es aufhängen oder versteigern. **f**

VILLA KUNTERBUNT

Vogelhaus

So geht's:

1 Piepmatzhaus: Lege das Vogelhaus-Bauset bereit. Arbeite am besten draußen.

2 Ab auf die Pirsch, um die unterschiedlichsten Naturfundstücke zu sammeln, mit denen du dann dein Vogelhaus verzierst. Prima sind Bucheckern, Scherben, bunte Steine, Bachkiesel, kleine Zapfen, Muscheln oder sogar Schrauben und Muttern.

3 Die Fugenmasse mit Wasser anrühren bis sie eine zahnpastaartige Konsistenz hat. Die Fugenmasse kannst du mit Acrylfarbe in Terrakotta einfärben.

4 Trage die Fugenmasse auf das erste Bauteil auf und drücke Fundstücke in die Masse. Bearbeite die Bauteile einzeln nacheinander, weil die Fugenmasse schnell trocknet. Über Nacht ruhen lassen. Morgen geht's weiter! **a**

5 Die Vogelhausgrundform wird nun noch zu einem Häuschen zusammengesetzt. Aus Balsaholz kannst du mit Alleskleber dem Häuschen einen Sockel geben oder eine Aufhängevorrichtung zimmern. Bemale diese Zusatzteile türkis. **b**

6 Jetzt ist die letzte Gelegenheit für Dekorationen: Beispielsweise kannst du Pistanzienhälften als Dachschindeln auf doppelseitigem Klebeband aufbringen, anmalen und am Dach befestigen. **c+d**

7 Du solltest das Vogelhaus abschließend mit Mattlack besprühen, damit es wetterfest wird.

Das brauchst du
- Holz-Bauset „Vogelhaus", 11 cm × 10,5 cm 17 cm
- Acrylfarbe in Türkis und Terrakotta
- Balsaholz, ø 8 mm, 10 cm × 10,5 cm
- Fugenmasse in Weiß, 250 g
- Lieblings-Naturmaterialien
- Sprühlack in Klar

Hilfsmittel
- UHU Alleskleber SUPER strong & safe
- Spachtel
- Gefäß

Schwierigkeitsgrad
☒ ☒ ☐

Überredet, ich zieh' ein!

Es gibt Futterhäuschen und Wohnkästen für Vögel. Ein Futterhäuschen benötigen die Vögel nur im Winter, du kannst ihnen dort Körnerfutter bereitlegen. Ein Wohnhäuschen benutzen viele Vögel ganzjährig, manche nur im Sommer. Beide Häusertypen sollten so aufgestellt werden, dass Katzen nicht daran kommen.

KRITZELKREIDE
Leuchtet im Dunkeln!

Oh, so ein schönes Bild!

Das brauchst du
- 5 Toilettenpapierrollen
- Packung Nachtleuchtpigmente
- 1-2 EL Acrylfarbe in Magenta und Türkis
- 8 EL Modellgips

Hilfsmittel
- 3 alte Gläser
- Rührstab
- Wasser
- Backförmchen
- Paketklebeband

Schwierigkeitsgrad
☒ ☐ ☐

So geht's:

1 Farbatelier: Fünf Toilettenpapierrollen sammeln und sie der Länge nach aufschneiden. Rolle sie etwas enger zusammen und fixiere diese Röllchen mit Paketklebeband. Eine offene runde Seite klebst du jeweils mit Paketklebeband gut zu. Deine kleinen Rollen stellst du nun am besten in ein Gefäß mit einem gerade Boden. **a+b+c**

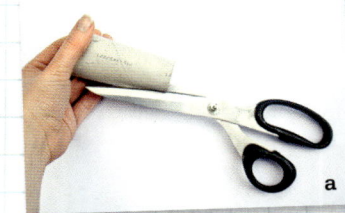

2 Fülle nun die vier Esslöffel Gips und eine halbe Packung Nachtleuchtpigmente in ein altes Glas. In zwei andere Gläser gibst du je zwei Esslöffel Gips mit je einer Acrylfarbe und jeweils einen viertel Beutel Nachtleuchtpigmente. Fülle alle Gläser mit der Menge Wasser auf, die laut Herstellerangaben für deinen Gips nötig sind. Rühre die Gipsmassen gut durch und lasse sie fünf Minuten ziehen. **d+e**

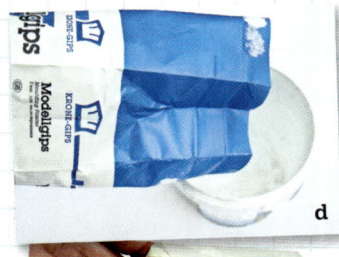

Leuchtkreide für Nachteulen! Markierungen für Nachtwanderungen, Laternenumzüge und nächtliche Schatzsuchen sind schnell gemacht: Male mit der Leuchtkreide Pfeile auf den Weg, damit jeder weiß, wo's langgeht.

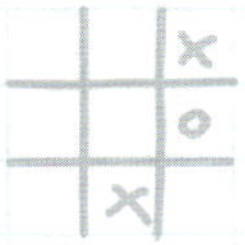

3 Nun kannst du den Gips schichtweise in deine Papprollen füllen und damit hübsche Muster kreieren. Du kannst aber auch Backförmchen auf Backpapier legen und den Gips in diese Förmchen füllen. So bekommst du Kreidetiere oder Sterne. **f+g+h**

f

g

4 Nun musst du etwas Geduld haben und alles für 24 Stunden trocknen lassen. Dass die Gipsrollen fertig sind, merkst du daran, dass sie sich ganz hart anfühlen. Das Paketklebeband kannst du nun abmachen und die Toilettenpapierrollen abwickeln.

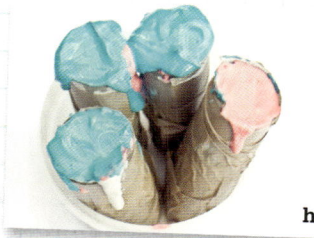
h

5 Botschaften solltest du schon tagsüber malen, weil die Pigmente Licht brauchen, um sich aufzuladen. Nur so leuchtet sie im Dunkeln. **i**

i

MODEDESIGN

Fahrradreifendruck

So geht's:

1 Abgefahren! Nimm dir ein T-Shirt in deiner Größe zur Hand. Wenn es neu ist, musst du es erst waschen und bügeln, sonst hält die Farbe nicht dauerhaft wegen der Appretur.

2 Stecke die Pappe in das T-Shirt, damit die Farbe nicht auf die Rückseite durchdrückt.

3 Raus mit dir: Als nächstes legst du dir eine Bahn aus alten Zeitungen. Nimm nun die Mülltüte zur Hand und schneide dir ein Quadrat etwa 24 cm × 24 cm aus. Nun legst du das T-Shirt auf die Zeitungsbahn und die Mülltüte mit dem Ausschnitt über das T-Shirt. Mit Kreppklebeband klebst du den Ausschnitt auf dem T-Shirt fest (Das Malerkrepp klebst du entlang des Ausschnittrandes, sodass die Hälfte auf dem T-Shirt klebt und die andere Hälfte auf der Mülltüte). Die Mülltüte fixierst du auf der Zeitungsbahn. **a**

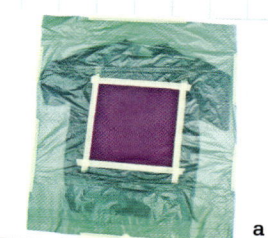
a

4 50 cm entfernt von deiner T-Shirt-Mülltütenkonstruktion rollst du mit einer Walze etwas weiße und blaue Textilfarbe auf der Zeitung aus. **b+c**

b   c

5 Jetzt hat dein Fahrrad seinen großen Auftritt: Auf geht's! mit dem Fahrrad fährst du immer zuerst durch die ausgerollte Farbe und dann über den abgeklebten Ausschnitt des T-Shirts. Lass die Farbe anschließend trocknen. **d**

6 Mit dem Textilstift kannst du ein Fahrrad auf die Reifenspuren malen. Wenn alles ganz trocken ist, befreist du das T-Shirt und fixierst die Farbe entsprechend der Anleitung auf der Packung. Meistens musst du es zum Fixieren von links bügeln. **e**

e

Das brauchst du
- T-Shirt in deiner Größe in Lila (hier 146/152)
- Textilfarbe in Weiß und in Blau
- Textilstift in Dunkelblau

Hilfsmittel
- Fahrrad
- Malerkrepp
- Mülltüte mind. 60 l
- Walze bzw. kleine Schaumstoffmalerrolle
- Waschmaschine
- alte Zeitungen
- Pappe mind. 25 cm × 25 cm

Schwierigkeitsgrad
☒ ☐ ☐

Als Indoor-Variante im Winter kannst du auch mal probieren, mit Spielzeugautos über so einen T-Shirt-Ausschnitt zu fahren. Dabei kann ein Textilfarbe-Stempelkissen hilfreich sein.

VERSALZEN?
Salzkristallbilder und Edelsteine

Das brauchst du
- Glasgefäß oder Glasscheibe
- Glaubersalz, 100 g
- kleiner Stein
- ggf. Lebensmittelfarbe

Hilfsmittel
- Einweckglas
- Löffel
- Wasser
- Mikrowelle (oder Herd und Topf)
- Pinsel

Schwierigkeitsgrad
☒ ☐ ☐

So geht's:

Eisblumenbilder

1 Eisblumen im Sommer? Verrühre in einem mikrowellengeeigneten Gefäß 20 ml Wasser mit der Hälfte des Glaubersalzes. Damit kein Bodensatz bleibt, musst du das Gemisch kurz in der Mikrowelle auf etwa 30-40 °C erhitzen.

2 Nochmals umrühren. Mit der gelösten Mischung kannst du nun mit einem Pinsel auf Glas malen. Während die Lösung verdunstet, entstehen Salzkristalle, die wie Eisblumen aussehen. **a**

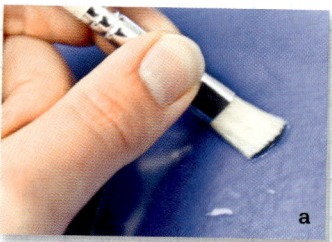
a

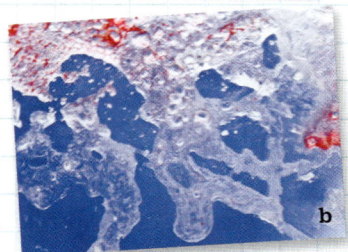
b

3 Wenn du dein Kristallbild verschenken möchtest, dann verwende als Malgrund die Scheibe eines Bilderrahmens. Dann kann man dein Gemälde nach dem Trocknen direkt aufhängen. **b+c**

c

Edelsteinproduktion

Wenn du Edelsteine für einen Sagenschatz herstellen möchtest, dann legst du einen kleinen Stein in die gelöste Flüssigkeit. Dann musst du nur noch warten, bis die Flüssigkeit austrocknet: Um den Stein bilden sich richtige kleine Kristallklumpen. Wenn du nun immer wieder und wieder so eine Lösung anrührst und alle paar Tage darüber schüttest, wird dein Stein nach ein paar Wochen völlig von Kristall umschlossen sein.

Man kann die Lösung auch mit Lebensmittelfarben einfärben und erhält so bunte Kristalle.

EINFACH ÄTZEND!

Eierrelief

Das brauchst du
- Essig-Essenz 25%, 500 ml
- Glasgefäß
- Wachsmalstift in Blau
- Ei in Weiß

Hilfsmittel
- Herd
- Wasser
- Kochtopf

Schwierigkeitsgrad
☒☐☐

So geht's:

1 Eiderdaus! Zu Beginn musst du das Ei in einem Kochtopf mit Wasser auf dem Herd hart kochen lassen. Nimm es heraus und lasse es abkühlen.

2 Bemale das Ei mit einem Wachsmalstift mit einem Motiv deiner Wahl. **a**

3 Lege das Ei in ein Glas, das etwas größer ist als das Ei. Schütte Essigessenz in das Glas bis das Ei vollständig bedeckt ist. So lässt du das bunte Ei zwei Stunden lang ziehen. **b**

4 Fülle neuen Essig in das Glas. Du musst zwei weitere Stunden warten. Nur Geduld!

5 Du kannst beobachten wie sich Blasen auf der Eierschale bilden. Das ist die chemische Reaktion zwischen Essig und Schale. **c**

6 Nimm nun das Ei aus dem Glas und entferne eventuelle Farbreste so gut es geht. Die Stellen, an denen der Wachsstift das Ei vor dem Essig beschützt hat, sind wesentlich erhabener. Die Schale ohne Bemalung wurde stark vom Essig angegriffen, weil sich der Essig mit dem Kalziumkarbonat der Eierschale verbindet und diese auflöst.

7 Betaste das Ei und halte es gegen das Licht!

a

b

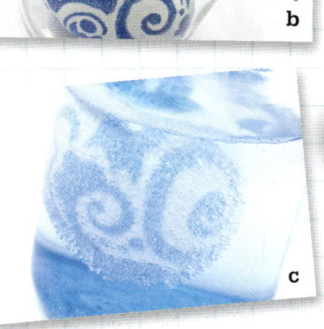
c

DRACHENSCHWÄNZE
Balifahne „umbul umbul"

Das brauchst du
- 3 Bambusstäbe, 1,50 m lang
- Fahnentuch in Weiß und Rot, 1,50 m × 1,50 m
- Acrylfarbe in Rot und Weiß
- 2 Moosgummiplatten in Weiß, A4
- Moosgummiplatte in Rot, A4
- 21 Holzwäscheklammern
- Moosgummikleber

Hilfsmittel
- Nadel und Garn (oder Textilkleber)
- Herd
- Pinsel
- Schere
- alte Zeitungen

Vorlage
Seite 125

Schwierigkeitsgrad

So geht's:

1 Drachen im Garten? Schneide dir die Fahnenform entsprechend der Vorlage zu.

2 Als nächstes schneidest du aus dem restlichen Fahnenstoff lange Streifen, 5 cm breit und 1,50 m lang.

3 Jetzt hast du wieder einen Job für deinen **erwachsenen Assistenten:** Die Bambusstäbe über einer Herdplatte erwärmen und zwischen den knubbeligen Stellen biegen, sodass sie eine Bogenform erhalten. **a**

4 Jetzt musst du noch einen Saum nähen oder einen schmalen Schlauch kleben, durch den du anschließend den Bambusstab durchfädelst. **b**

Diese Fahnen stammen ursprünglich aus Bali und heißen „umbul umbul". Sie werden dort für traditionelle Zeremonien aufgestellt und symbolisieren die Anwesenheit der Götter. „Umbul umbul" heißt übrigens übersetzt soviel wie „Schwanz des Drachens". Die Farben der Balifahnen haben auch Bedeutungen: Rot steht für Mut, Weiß für Reinheit, Blau für Ehre und Reichtum, Schwarz für Macht, Gelb für Unendlichkeit und Grün für Frieden und Zuversicht. Also, machst du lieber einen mutigten Drachen oder einen mächtigen?

5 Die lange überstehenden Enden der Fahnenstoffstreifen beklebst du mit den ausgeschnittenen Streifen – sie baumeln nun an den Enden.

6 Lege die Fahnen auf alte Zeitungen und male mit der Acrylfarbe und dem Pinsel Punkte auf.

7 Schneide aus dem weißen Moosgummi 28 Dreiecke aus und aus dem roten Moosgummi 14 Dreiecke. Klebe sie jeweils deckungsgleich auf Holzwäscheklammern. Du musst fest drücken bis der Kleber leicht antrocknet. Stecke die roten Zacken auf die weißen Fahnen, die weißen auf die roten Fahnen. **c+d**

8 Stecke die Fahnen nun in deinem Garten in den Boden, sodass es so aussieht, als würden da nur noch Drachenschwänze rausgucken. **e**

EINFALLS-PINSEL

Naturstempel und -pinsel

Das brauchst du
für den Pinsel
- Stock, ø 2 cm, 12 cm lang
- Washitape „red lace", 3 cm lang
- Perle in Rot, ø 1,6 cm
- Hühnerfeder in Weiß

für das Stempelmännchen
- Sektkorken
- Papierbast in Lila, 14 cm lang
- Permanentmarker in Schwarz
- Moos

für das Stockbündel zum Stempeln
- 8 Stöckchen, 12 cm lang
- Gummilitze in Hellblau, ø 2,0 mm, 20 cm lang
- Gummilitze in Rot, ø 2,0 mm, 20 cm lang

Hilfsmittel
- UHU creativ Holz & Naturmaterialien
- Drillbohrer
- Laubsäge
- Schere
- Fingerfarben

Schwierigkeitsgrad
☒ ☐ ☐

Male mit den Matschfarben von Seite 77 oder mit Fingerfarben.

So geht's:

Stockbündel

1 Verteile zwischen deinen Stöcken Klebstoff, dann bündelst du sie in einer Hand. Wickle nun die bunten Gummilitzen darum, bis alles fest sitzt und verknote sie an den Enden. Lass alles trocknen. **a+b**

2 Dein **erwachsener Assistent** darf dir dabei helfen, mit einer Laubsäge die Stöckchen auf die gleiche Länge zu bringen. **c**

3 Die ersten Stempelversuche, sind noch nicht gleichmäßig, weil das Holz zunächst alles Wasser aus den Farben zieht, aber sobald es gesättigt ist, erhältst du wunderschöne Muster. **d**

Naturpinsel

1 Für Malermeister: Bohre mit dem Drillbohrer ein kleines Loch ins Holz.

2 Dann nimmst du die Hühnerfeder und schiebst die Perle über den Federschaft. Nun noch etwas Holzleim an den Schaft und dann schiebst du den Schaft der Feder in das kleine gebohrte Loch des Holzstücks. **e**

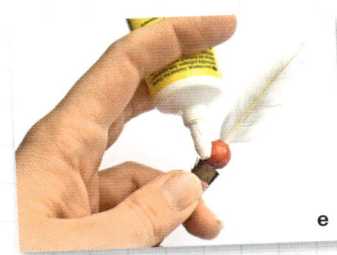

3 Lass alles trocknen und verziere das Holz mit Washitape. Schon kannst du losmalen.

Stempelmännchen

1 Trage oben auf den Korken etwas Klebstoff auf. Drücke daran das Moos fest. Wenn der Klebstoff getrocknet ist, schneidest du das Moos passend zum Korken zu. **f**

2 Du nimmst den Papierbast und wickelst eine Schleife um den Korkenhals. Verknote den Bast. Zum Schluss malst du mit einem wasserfesten Stift ein Gesicht auf den Korken. Nun kannst du mit dem „Haar" deines Stempelmännchens losstempeln. **g**

Natürlich gibt es in der Natur noch viel mehr Materialien, die sich zum Stempel eignen. Drucke doch mal bemalte Blätter ab oder Gemüse! So kannst du auch dein eigenes Geschenkpapier gestalten.

PAPPBURG FÜR GROSSSTADTRITTER

Du kommst hier nicht rein!

Das brauchst du
- 2 Umzugskisten, 70 cm × 50 cm
- 2 Umzugskisten, 50 cm × 50 cm
- 2 Kisten mit Motiven
- Wellpappe in Gelb und Blau, A4
- Buntlack in Maigrün, Silber, Rosa, Türkisblau und Scharlachrot
- 27 Kabelbinder
- 25 bunte Federn

Hilfsmittel
- UHU Doppelklebeband
- Cuttermesser
- Zeitungen

Vorlage
Seite 127

Schwierigkeitsgrad
☒☒☐

So geht's:

1 Von Adel? Als erstes benötigst du einen **erwachsenen Assistenten** – das Cuttermesser ist nämlich sehr scharf! Besorge dir vier alte Umzugskisten. Schneide die beiden größeren Kisten an einem Falz mithilfe eines Cutters auf und schneide auch die Klappdeckel ab, sodass nur die Seitenwände übrig bleiben. Nun stellst du die Seitenwände im Kreis auf und verbindest dir Pappteile mit Kabelbindern, sodass ein fest stehender Pappkreis entsteht. **a**

2 Schneide ein Tor aus dem Pappkreis. Dabei sollten die Flügeltüren erhalten bleiben. **b**

3 Nun schneidest du aus den restlichen zwei kleineren Pappkisten Schießscharten zu, die du am Pappkreis mithilfe von Kabelbindern anbringst. **c+d**

4 Dein **Assistent** kann dir deine Burg nun ins Freie tagen. Dort kannst du alleine weiterwerkeln: Du kannst zur Verzierung deiner Burg übergehen, indem du sie zuerst nach Belieben an manchen Bereichen in Silber ansprühst. Bereite außerdem einige freie Formen wie Quadrate, Dreiecke und Rechtecke vor, die du mit Buntlack in Maigrün, Rosa, Türkisblau und Scharlachrot ansprühst. Lass diese Teile gut trocknen.

5 In der Zwischenzeit kannst du dir aus Motivkarton neun Rechtecke ausschneiden und mithilfe von Kabelbindern an der Pappburg befestigen. Die getrockneten bunten Pappteile ebenfalls an der Burg anbringen. Schneide dir auch ein paar freie Formen aus Wellpappe in Gelb und Blau aus und befestige sie mit doppelseitigem Klebeband an der Pappburg. Jetzt ist sie bunt und fröhlich. **e**

6 Klebe nun die bunten Indianerfedern auf Klebeband und damit in die Aussparungen des oberen Bereiches der Pappburg. Lade alle deine Freunde zu einem ritterlichen Nachmittag mit Duell ein! **f**

Wenn du Lust hast, kannst du dir noch einen tollen Burggraben um die Pappburg bauen, indem du dort eine große Plastikfolie auslegst, die du mit blauer Farbe bestreichst. Als Brücke kannst du wieder ein Stück Pappe verwenden.

Aus dir mach' ich Konfetti!

WENN DU WÜSSTEST!

Geheimnistinte

Das brauchst du
- Papier in Weiß, A4
- Tinte in Blau
- Zitrone

Hilfsmittel
- Feuerzeug
- Zitronenpresse
- Schreibfederhalter
- dicke Schreibfeder
- Bügeleisen
- Erde

Schwierigkeitsgrad

Die Zitrone verfärbt sich bei Hitzeeinwirkung bräunlich. Achte darauf, das Bügeleisen ohne Dampf und nur auf niedrigster Stufe zu benutzen!

So geht's:

1 Pssst! Geheim! Wenn du unsichtbare Nachrichten hinterlassen möchtest, brauchst du nur ein Stück Papier, eine Zitrone und eine Schreibfeder. Schreibe auf ein Blatt Papier die normale Nachricht mit blauer Tinte.

2 Presse die Zitrone aus und fülle den Saft in ein schmales Gefäß, in das du die Schreibfeder gut eintauchen kannst. Schreibe nun deine Geheimbotschaft zwischen die blauen Zeilen. Das Blatt gut trocknen lassen! **a+b**

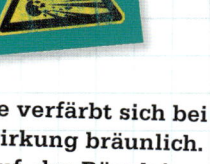

3 Um der Nachricht den besonderen Look zu verleihen, kannst du die Ränder mithilfe eines Feuerzeugs ein wenig abbrennen. Lass dir dabei von einem **Erwachsenen** helfen! Wühle dann ein bisschen im Garten in der Erde und reibe mit den schmutzigen Fingern auf dem weißen Blatt herum, damit es braun verfärbt und alt aussieht.

4 Wenn du die Nachricht nun verschickst, muss der Empfänger nur noch mit einem heißen Bügeleisen über das Blatt fahren und die geheime Nachricht wird wie von Zauberhand sichtbar! **c+d**

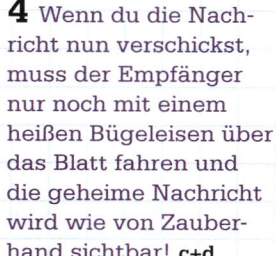
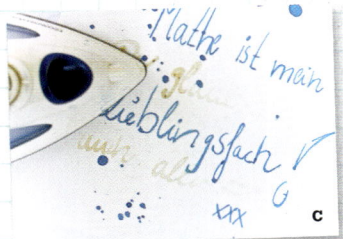

AB AN DIE HECKE!

Platanenstücke treiben's bunt

Platanen sind Bäume, deren Blätter dem Ahorn ähneln. Die Früchte wiederum sind kugelig rund, wie Kastanien. Am ehesten erkennt man sie daran, dass ihre Rinde in großen plattenartigen Stücken abfällt.

So geht's:

1 Landart! Für dieses Kunstwerk solltest du deine ganze Bande zusammentrommeln. Sammelt enorm viele Platanenrindenstücke und teilt sie in drei Stapel. Legt die Teile auf Zeitungspapier im Freien aus und staubt Erdkrümel, etc. mit einem großen Borstenpinsel ab. **a**

2 Jetzt legst du noch die jeweilige Menge Klammern zu den Platanenstücken. Mindestens doppelt so viele Klammern wie Platanenstücke, aber besser noch ein paar mehr. **b**

3 Nun besprüht ihr die Platanenstücke und die Klammern mit der Sprühfarbe. Ein Platanenrindenberg wird sonnengelb, einen besprüht ihr in Türkis und den dritten in Blaulila. Lasst nun alles gut trocknen. **c**

Das brauchst du
- 90 Stücke Platanenrinde
- 90 Holzwäscheklammern
- Acryllack in Sonnengelb, Türkis und Blaulila, 150 ml

Hilfsmittel
- altes Zeitungspapier
- Borstenpinsel

Schwierigkeitsgrad
☒ ☐ ☐

4 Anschließend sucht ihr euch ein Gebüsch oder eine Hecke (nahe an eurem Räuberlager) und befestigt die Platanenstücke mit je zwei Wäscheklammern den Zweigen. Sehr schön sieht es aus, wenn ihr die Rindenstückchen mosaikartig anordnet, sodass sich die Kanten der einzelnen Teile ein bisschen in ihrer Form ergänzen. **d**

103

CRASH, BOOM, BANG!

ÄTNAEXPLOSION

Brausevulkan

Das brauchst du
- Pappe, 30 cm × 20 cm
- Acryllack in Türkis, Grün, Dunkelbraun und Kaffee
- Sprühlack in Klar
- 3 Holzperlen in Oliv, ø 1,2 cm
- 2 Holzperlen in Grasgrün, ø 1,2 cm
- 2 Holzperlen in Grasgrün, ø 1 cm und ø 8 mm
- 3 Holzwürfel in Natur, 1,2 cm Kantenlänge
- 2 Muschelschalenstücke in Rot und Graphit
- Permanentmarker in Schwarz
- alte Zeitung
- Schnapsglas
- 7 Streichhölzer (oder Zahnstocher)
- ¼ TL Backpulver
- Lebensmittelfarbe in Rot
- 1 TL Spülmittel
- 1 EL Essig

Hilfsmittel
- UHU Holzleim
- Wasser, 200 ml
- 2 EL Kleister
- altes Glas
- Pinsel
- Zeitungsunterlage

Schwierigkeitsgrad

Mit mehreren Freunden kannst du auf einer großen Pappe auch eine riesige Vulkanlandschaft mit vielen Kratern bauen. Dann könnt ihr gucken welche Lava am weitesten brodelt. Dazu färbt am besten jeder seine Lava mit Lebensmittelfarbe anders ein.

So geht's:

1 Lavamassen! Zuerst rührst du den Kleister mit dem Wasser in einem alten Glas oder Becher an. Er muss etwa 20 Minuten quellen. In dieser Zeit reißt du die alte Zeitung in Stücke von 10 cm × 10 cm.

2 Stelle dein Schnapsglas nicht ganz mittig auf die Pappe und ummantle es mit einigen verdrehten Zeitungsseiten. Dann bringst du den Kleister ins Spiel und modellierst mit Zeitung und Kleister einen großen Pappmascheevulkan. Am besten geht das mit den Händen. Wenn du dich ekelst, kannst du den Kleister aber auch mit dem Pinsel auftragen. **a**

3 Achte darauf, dass der Krater zum Glas hin offen bleibt! Wenn dir deine Vulkanform gefällt, dann lass alles gut trocken – am besten über Nacht. Am nächsten Tag kannst du dann vorsichtig das Glas in der Mitte herausziehen. **b**

4 Bemale den Vulkan mit Acrylfarben. Dunkelbraun eignet sich gut als Grundfarbe. Mit Türkis kannst du einen Fluss andeuten. Mit ein paar Pinselstupsern in Grün und Kaffee sieht dein Vulkan schon aus wie ein echter mächtiger Berg.

Weiter geht es auf Seite 108 …

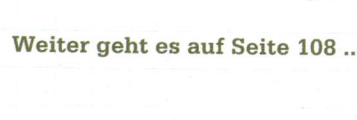

5 Die kleinen Holzperlen fixierst du mit etwas Holzleim auf Streichhölzern, von denen du die rote Zündkappe abgebrochen hast. So hast du kleine Bäumchen, die du auf den Vulkan spießen und festkleben kannst. Die kleinen Holzwürfel kannst du mit einem wasserfesten Stift bemalen und kleine Fenster oder Türen andeuten. Als Dächer klebst du die bunten Muschelschalenstücke auf. Auch die Häuser kannst du nun am Fuße deines Vulkans anordnen. **c**

6 Arbeite ab diesem Schritt auf jeden Fall im Freien: Wenn du ihn so verziert hast, dass er dir gefällt, dann sprühst du den Vulkan zweimal mit Klarlack ein (Dann kannst du ihn mehrmals benutzen!). **d**

7 Nun schiebst du das Schnapsglas wieder in die Mitte des Vulkans. Du gibst das Backpulver, die rote Lebensmittelfarbe und das Spülmittel hinein. Wenn du genügend Zuschauer für deinen Vulkanausbruch zusammen hast, schüttest du den Essig dazu und rührst vorsichtig um.

8 Schon fängt die Lava an zu brodeln und tritt über den Rand. Und? Erwischt sie dein Minidorf? Sieht aus wie ein echter Vulkan und das in deinem Garten! **e+f**

Ich koch' gleich über!

SCHWERELOS
Teebeutelrakete

Das brauchst du
- Teebeutel

Hilfsmittel
- Teller
- Schere
- Feuerzeug

Schwierigkeitsgrad
☒ ☐ ☐

Wenn du den Teebeutel mit dem Feuerzeug anzündest, erzeugst du damit warme Luft im Teebeutel. Da die warme Luft im Teebeutel leichter ist als die kalte, die sich um den Teebeutel herum befindet, steigt der Teebeutel nach oben.

So geht's:

1 Teatime? Frage **deine Eltern** ob sie beim Experiment dabei sein wollen, dann kann die Show beginnen: Nimm dir einen Teebeutel und schneide ihn mit der Schere auf, direkt unter der Metallöse, die den Faden hält. **a**

2 Schütte den Tee heraus. Greife mit den Fingern in den Teebeutel und forme ihn zu einer Röhre. Danach stellst du ihn auf einen Teller, der als feuerfeste Unterlage dient. Wenn du möchtest kannst du dir jetzt auch etwas wünschen und ganz fest daran denken, bis der Raketenstart vorbei ist. **b+c**

3 Ein **erwachsener** Zuschauer darf nun den oberen Rand des Teebeutels entzünden. Der Teebeutel brennt ein Stück ab und steigt dann wie eine Rakete in die Höhe, um dort zu verglühen. Kleine Aschereste schweben herunter, sind aber nicht mehr heiß. **d**

NICHT LANGE FACKELN
feuriges Vergnügen

So geht's:

1 Nachtwanderung geplant? Suche dir einen Stock, der etwa 40 cm lang ist.

2 Den Jutestoff wie in der Abbildung gezeigt eindrehen und um den oberen Bereich des Stockes wickeln. Wenn ungefähr 20 cm mit Jute bedeckt sind, kannst du das Ende des Jutestoffs mit einem kleinen Nagel befestigen. **a**

3 Zum Verschönern des Griffes mit einem Schnitzwerkzeug Kerben einritzen und diese mithilfe eines Pinsels mit Acrylfarbe in Türkis und Helllila bemalen. Am unteren Ende kannst du den Stock leicht anspitzen, damit du deine Fackel auch in den Erdboden stecken kannst. Benutze dazu ein Schnitzmesser. Wenn du mit Schnitzwerkzeugen noch nicht vertraut bist, bitte einen **Erwachsenen** um Hilfe! **b+c**

Das brauchst du
- Stock, 38 cm lang
- Acrylfarbe in Helllila und Türkis
- Grabkerze
- Jute, 0,12 m × 1,50 m
- Draht, ø 0,75 mm, 50 cm lang

Hilfsmittel
- Pinsel
- Schere
- Schnitzwerkzeug
- alter Kochtopf
- Alufolie
- Nägel
- Hammer

Schwierigkeitsgrad

☒ ☐ ☐

4 Da die Fackel nur brennt, wenn die Jute wachsdurchtränkt ist, musst du nun vorsichtig, möglichst im Wasserbad, auf niederer Flamme das Grabkerzenwachs erwärmen. Dabei sollte dir ein **Erwachsener** assistieren. Nimm dir einen Pinsel und bestreiche damit großzügig den gesamten Jutebereich der Fackeln. Je mehr Wachs du aufbringst desto schöner brennt die Fackel! d

d

5 Zu guter letzt solltest du die Jute mit Draht umwickeln, um sicher zu stellen, dass sie nicht abfallen kann. Du bist jetzt für die nächste Nachtwanderung gewappnet! e

Das, was bei deiner Fackel eigentlich abbrennt, ist das Wachs. Die Jute fungiert nur als Docht und leitet das Wachs weiter. Wenn du die Fackel anzündest erwärmt sich das Wachs und schmilzt. Das flüssige Wachs steigt auf und verdampft. Die Hitze, die dadurch entsteht, hält den Feuer-Kreislauf in Gang. Die Kohlenstoffpartikel, die beim Verbrennen des Wachses aufsteigen, sind so heiß, dass sie hell leuchten – dieses Licht kannst du als Feuer sehen.

e

HUIHUIHUI!
lärmendes Windspiel

Lass uns tanzen!

Das brauchst du
- Fahrradfelge, ø 55 cm
- Metallstange mit Schraubgewinde, ø 4 mm, 17 cm lang
- Holzstab, 1 m lang
- 6 Plastikbecher
- Winkel mit 3 Löchern ø 5 mm
- 2 Holzschrauben, ø 4 mm
- 2 Unterlegscheiben, ø 4 mm
- 2 Muttern, ø 4 mm
- starker Faden, 10 m lang
- Buntlack in Maigrün, Violett und Türkisblau
- 31 (Flohmarkt-)Gegenstände (z. B. Löffel, Flaschenöffner, Glasverschlüsse, Gabeln, Kartoffelschäler. Messerschärfer, Eierbecher, Muskatreibe, Pinsel etc.)

Hilfsmittel
- Nadel
- Feuerzeug
- Akkuschrauber
- Bohrer, ø 4,5 mm
- Schraubenzieher
- Metallsäge

Schwierigkeitsgrad ☒☒☐

So geht's:

1 Was scheppert hier so? Arbeite am besten im Freien, um dir so ein tolles, riesiges Windspiel zu bauen. Lege Zeitungen aus und beginne damit, eine alte Fahrradfelge mit Buntlack in Maigrün anzusprühen. **a**

2 Brenne mit einer heißen Nadel ein Loch in die Böden der sechs Plastikbecher. Lass dir dabei von einem **Erwachsenen** helfen. Binde die Becher mit einem starken Faden an die Felge, indem du den Faden einmal durch das Loch ziehst, den Plastikbecher an die Felge hältst, dann den Faden um die Felge schlägst und den Faden wieder durch das Loch führst und dann die beiden offenen Enden an der offenen Seite des Bechers um die Fahrradfelge herum festknotest. **b**

3 Dein **erwachsener Assistent** ist dran: Den Metallstab mit Schraubgewinde vorher mithilfe einer Metallsäge auf 17 cm zusägen und dann mit Buntlack in rötlichem Violett ansprühen. Den Holzstab auf 1 m kürzen und oben in der Mitte ein Loch von 4,5 mm hineinbohren, in dem der Metallstab versenkt wird.

4 Den Winkel mithilfe eines Schraubenziehers und zweier Holzschrauben am Holzstab anbringen. Wie in der Abbildung zu sehen, den Metallstab im Holzstab versenken eine Mutter aufschrauben, darüber eine Unterlegscheibe legen und danach die Fahrradfelge auf den Metallstab aufstecken. Nun musst du nur noch darüber wieder eine Unterlegscheibe und eine Mutter aufschrauben. **c**

Wenn der Wind weht wird die Luft in die Plastikbecher geblasen und das Windspiel angetrieben. Die Becher vergrößern die Angriffsfläche für die Luft, die auf die Fahrradfelge wirkt und bringen die Fahrradfelge so zum Drehen.

Beobachte genau aus welcher Richtung der Wind kommt und wie das Windspiel darauf reagiert!

5 Dein Windrad ist nun soweit vorbereitet, dass du die klimpernden Gegenstände an der Fahrradfelge anbringen kannst. Such dir auf dem Flohmarkt altes Besteck und binde es mithilfe eines starken Fadens an der Felge fest. Du kannst auch ein paar Gegenstände mit türkisblauem Buntlack ansprühen. Benutze relativ leichte Gegenstände, damit sich das Rad auch schon bei schwachem Wind dreht! Du musst eine hohe Anzahl von Gegenständen benutzen, damit diese aneinander schlagen und lärmen können. **d+e+f**

MARSMISSION
Backpulverrakete

Das brauchst du
- Toilettenpapierrolle
- Luftballon
- Zeitung
- Perle in Orange, ø 1 cm
- Zahnstocher
- starke Pappe
- Zierkordel in Orange, 3 cm lang
- 2 EL Kleister
- Acrylfarbe in Weiß, Gelb und Orange
- Filmdose
- Backpulver
- Essig
- 4 Glitzersteine „Stern" in Hellblau, ø 1 cm
- 8 Glitzersteine „Stern" in Weiß, ø 1 cm
- 18 Glitzersteine in Hellblau, ø 0,5 cm
- Filzstift in Schwarz

Hilfsmittel
- UHU Alleskleber
- Schere
- Wasser
- Pinsel
- eventuell Joghurtbecher

Vorlage
Seite 122

Schwierigkeitsgrad
☒ ☒ ☐

So geht's:

1 3-2-1 Raketenstart!!! Nimm dir eine Toilettenpapierrolle und puste einen Luftballon ein wenig auf. Schiebe ihn anschließend behutsam durch die Rolle, sodass oben ein Stück herausguckt. **a**

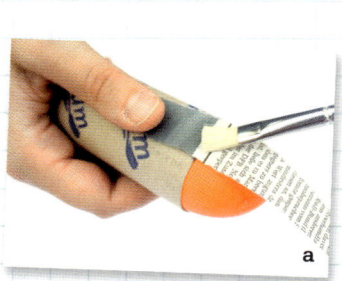

2 Nun rührst du ein wenig Tapetenkleister an. Das Mischverhältnis und die Quellzeit entnimmst du der Anleitung auf der Kleisterpackung.

3 Zerreisse die Zeitung in längliche Stücke, 1,5 cm × 8 cm. Anschließend nimmst du die Papierstreifen und legst sie über deine Luftballon-Rollen-Konstruktion. Mit einem Pinsel oder dem Zeigefinger trägst du jeweils Kleister auf, um sie Schicht für Schicht miteinander zu verkleben.

4 Während die Pappmascheeschichten trocknen, kannst du dir die Düsenteile, entsprechend der Vorlage, vier Mal aus der Pappe ausschneiden. Anschließend befestigst du die Düsen mithilfe überlappender Kleisterzeitungsschnipsel an der Raketenform. **b**

Wenn du zu ungeduldig bist, um dir eine richtige Rakete zu basteln, dann male dir schnell eine auf Papier und schneide sie aus. Du kannst die Papierrakete dann vorn mit etwas Klebstoff an die Filmdose kleben. Macht ein Wettbewerb – wessen Rakete fliegt am höchsten?

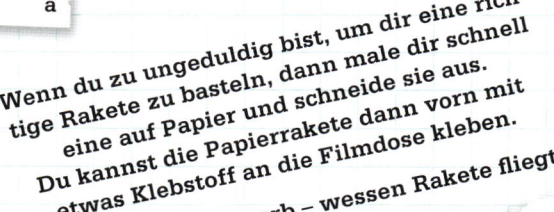

5 Im Raketeninnern benötigst du einen kleinen runden Pappboden: Die in der Vorlage eingezeichneten Klebeecken knickst du alle behutsam in eine Richtung und bestreichst sie anschließend mit Klebstoff. 3 cm tief im Innern der Rakete setzt du den Boden ein. **c**

6 Wenn alles getrocknet ist, malst du die Rakete mit den Acrylfarben an.

7 Nun fädelst du die Perle auf den Zahnstocher und klebst das Ganze oben auf die Rakete, damit sie eine Spitze hat. Befestige das Stück Zierkordel rundherum.

8 Wenn die Farbe getrocknet ist, verzierst du deine Rakete. Male ein Fenster und klebe die Glitzersteine auf.

9 Zum Raketenstart gehst du ins Freie: Du nimmst eine leere Filmdose und füllst etwas Backpulver hinein und schüttest ein wenig Essig darauf. Die Filmdose verschließt du nun fest und schüttelst kurz. Stelle sie mit dem Deckel auf den Boden und stülpe schnell deine Rakete darauf. Entferne dich ein paar Schritte und warte kurz… PUFF!!! **d+e**

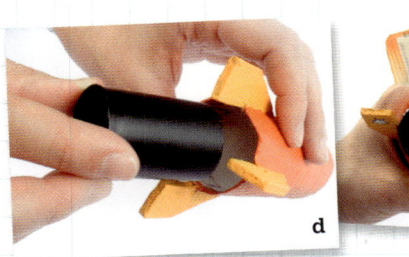
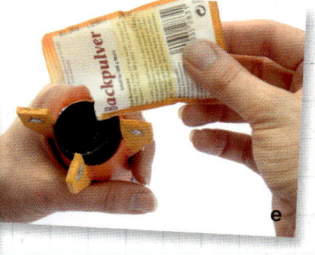

10 … deine Rakete hebt ab! Du kannst sie immer wieder starten lassen, aber wasche die Filmdose zwischendurch aus.

KNALLFROSCH
Bei dir knallt's wohl!!!

Das brauchst du
- Saturnhopper
- Federboa in Grün
- 3 Moosgummiblumen in Rot, ø 2,2 cm
- 2 Moosgummiblumen in Weiß, ø 3 cm
- Moosgummiblume in Weiß und Blau, ø 2,2 cm
- Moosgummiblume in Grün und Blau, ø 3 cm
- viele Knallfrösche
- Tonzeichenpapier in Hellgrün, A5

Hilfsmittel
- UHU Alleskleber Kraft
- UHU creativ für Moosgummi
- Schere
- Filzstift in Schwarz

Vorlage
Seite 123

Schwierigkeitsgrad
☒ ☐ ☐

So geht's:

1 Knallkopp! Klebe die Federboa mit Kraftkleber entlang der unteren Außenkante rundherum am Saturnhopper fest und schneide den Rest ab. Zum Trocknen kannst du sie mit Wäscheklammern fixieren.

2 Klebe die Moosgummistanzteile auf deine Hüpffläche.

3 Übertrage die Froschvorlage auf grünes Papier, schneide den Frosch aus und klebe ihn an die Gummikugel des Hoppers. **a**

4 Lege dir einen Parcours, der von Knallfröschen begrenzt wird. Kannst du den Weg entlang hüpfen, ohne dass ein Knallfrosch knallt? **b+c**

Zählt euch jeder 15 Knallfrösche ab und macht einen Contest. Hüpft sie abwechselnd platt und stoppt die Zeit, die jeder braucht, bis alle zerknallt sind. Gar nicht so einfach wie es aussieht!

FLAMMEN-INFERNO
Streichholztorpedo

So geht's:

1 Zischflitzer: Achtung! Du benötigst einen **erwachsenen Assistenten**!

2 Nimm ein Streichholz aus der Schachtel und lege es auf das Stück Alufolie. **a**

3 Lege die Nadel ebenfalls ganz eng an das Streichholz heran, sodass die Spitze am Zündkopf ist und der Kopf der Nadel am unteren Ende des Streichholzes. Beachte, dass die Spitze der Nadel nicht über den Zündkopf des Streichholzes hinausragen darf.

4 Wickle die Alufolie eng um Streichholz (inklusive Streichholzkopf) und Nadel. Wenn du damit fertig bist, musst du mit dem Fingernagel die Alufolie fest an der Nadel andrücken. Fahre dabei an der oberen und der unteren Seite zwei- bis dreimal kräftig an der Nadel entlang. Du formst so einen Abgaskanal. Nun kannst du die Nadel wieder entfernen, indem du am Nadelkopf ziehst. **b**

5 Du musst nur noch eine Startrampe bauen und dann kann schon gestartet werden! Nimm dir dazu eine Büroklammer und biege den inneren Bereich nach oben. Der Winkel der Startrampe sollte zwischen 45° und 60° liegen, dann fliegt der Streichholztorpedo am weitesten. **c**

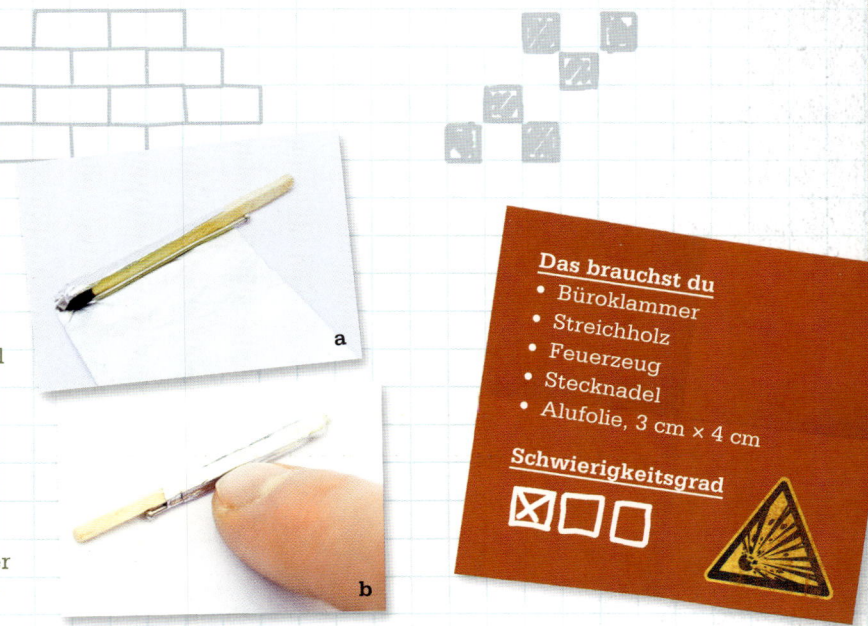

Das brauchst du
- Büroklammer
- Streichholz
- Feuerzeug
- Stecknadel
- Alufolie, 3 cm × 4 cm

Schwierigkeitsgrad
☒ ☐ ☐

6 Dein **Assistent** darf das Flitzeding zünden – du zählst ihn ein! Den in Alufolie eingewickelten Zündkopf des Streichholzes mithilfe eines Feuerzeugs anzünden. Der Torpedo pfeift sehr schnell nach oben weg. **Stell also sicher, dass sich keiner in der Schussbahn befindet!** 3-2-1!

IST MIR SCHLECHT!

Monsterko*#tze

So geht's:

1 Igitt! Diese monstermäßige Extrembastelei solltest du auf jeden Fall draußen durchführen! Markiere zuerst einmal auf der Pappe, wo später das Monstermaul sein soll. Mit dem Deckel der Cola als Vorlage, malst du mitten in den Mund einen Kreis, den du anschließend aus der Pappe ausschneidest. **a**

a

2 Zuerst rührst du den Kleister mit dem Wasser in einem alten Glas an. Er muss etwa 20 Minuten quellen. In dieser Zeit reißt du die Zeitung in Stücke von 10 cm × 10 cm und drehst dir aus einigen Seiten ein paar Stränge. Ein paar kleine Kugeln kannst du dir ebenfalls aus Papier knüllen und die Hörner und die Zunge vorformen. **b**

b

3 Lege das Gesicht aus Augenbrauensträngen, dem Mund und einer Kugelnase und Kugelaugen auf die Pappe. Dann kleisterst du alle Teile stark ein. Das geht am besten, wenn du alles mit den Händen benetzt. Fixiere alles mit mehreren Schichten kleisterdurchtränkter Zeitungsschnipsel.

4 Wenn dir dein Monster gefällt, lässt du alles über Nacht gut trocknen.

5 Jetzt wird angemalt! Bei diesem Exemplar ist die Grundfarbe Petrol, Augenbrauen und Lippen sind dunkelbraun. Der Mund ist terrakottafarben und die Zunge bordeaux. Schattiere die Farben ineinander.

Das brauchst du
- Pappe, 26 cm × 36 cm
- 2 Zeitungen
- Acryllack in Terrakotta, Weiß, Schwarz, Türkis, Bordeaux, Dunkelbraun und Petrol
- Sprühlack in Klar
- 9 Holzperlen in Orange, ø 0,8 cm
- 7 Holzperlen in Lagune, ø 0,8 cm
- Flasche Cola light, 1 l oder 1,5 l
- Mentos® Pefferminzgeschmack

Hilfsmittel
- UHU Holzleim
- 2 El Kleister
- Wasser, 200 ml
- altes Glas
- Pinsel
- Zeitungspapier
- Stift
- Cutter

Schwierigkeitsgrad
☒☒☒

6 Mit dem Holzleim klebst du nun die Perlen auf – stell dir vor, es seien die Monsterpickel! Wenn alles getrocknet ist, sprühst du dein Monstergesicht zweimal mit Klarlack ein, dann kannst du es abwischen und mehrmals benutzen, falls es sich selbst anspuckt. **c+d**

c

7 Nun zum eigentlichen Trick. Egal wie kalt es ist, hierzu musst du ins Freie! Dort steckst du den Flaschenhals durch die Mundöffnung des Monsters und stellst es auf. Wenn Flasche und Monster etwa rechtwinkelig zueinander stehen, dann steht die Konstruktion von allein. Stell dich nun seitlich neben das Monster und wirf ein Kaubonbon in seinen Schlund (in die Flaschenöffnung). Urrrrggghhhh… das Monster mag wohl keine Cola.

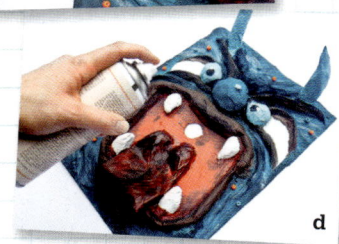
d

Warum übergibt sich das Monster? Cola light hat ganz besonders viel Kohlendioxid. Beim Öffnen entweicht es meist mit einem Zischen. Wenn man nun das Mentos®-Bonbon reinwirft, dann will ganz besonders viel Kohlendioxid ganz besonders schnell aus der Flasche und, weil die Öffnung so klein ist, spritz alles ganz schnell heraus. Das Bonbon wirkt wie ein Katalysator, der den natürlichen Prozess immens beschleunigt. Deshalb spuckt dein Monster.

KAMPF DER ELEMENTE

Wunderkerzenexperiment

Das brauchst du
- 12 Wunderkerzen
- hitzebeständiges Glas
- Wasser
- Klebefilm
- doppelseitiges Klebeband
- Alufolie

Hilfsmittel
- Feuerzeug
- Zange
- Arbeitshandschuhe

Schwierigkeitsgrad
☒ ☐ ☐

So geht's:

1 Inferno!!! Achtung! Dieses Experiment musst du unbedingt gemeinsam mit einem **Erwachsenen** ausprobieren!

2 Zur Vorbereitung ein hitzebeständiges Glas mit Wasser füllen und auf feuerfestem Untergrund (Steinboden oder Sandkasten) abstellen. **a**

3 Nimm dir die 12 Wunderkerzen und umhülle die Stiele mit doppelseitigem Klebeband. Danach klebst du Alufolie um den Griff. Die Wunderkerzen selbst kannst du mit Klebefilm umhüllen, dann kommt das Wasser schlechter an sie heran (es funktioniert aber auch so). **b+c**

4 Arbeitshandschuhe überziehen und das Bündel Wunderkerzen am Alugriff packen. Nun kann dein **erwachsener Assistent** das Bündel mit einem Feuerzeug entzünden. Bist du mutig genug, die Wunderkerzen in das Wasserglas zu halten?

5 Zauberei geglückt: Die Wunderkerzen brennen unter Wasser weiter und bringen das Wasser zum brodeln wie in einer heißen Quelle. **d+e**

Die Wunderkerzen bestehen aus Metalldrähten, die mit Aluminium und Eisen überzogen sind. Der Sauerstoff aus der Luft und das Metall in der Wunderkerze verbinden sich über die Flamme zu Eisenoxid; es entstehen enorm hohe Temperaturen. Dadurch entstehen die Funken. Die Wunderkerze enthält aber auch ein sauerstoffreiches Salz, Bariumnitrat, das bei hohen Temperaturen zu Bariumnitrit wird und dafür sorgt, dass die Wunderkerze auch unter Wasser weiter brennen kann. Das funktioniert aber nur, wenn du mindestens elf Wunderkerzen benutzt!

VORLAGEN

Volldampf!
Seite 8

Parfümerie
Seite 28

Marsmission
Seite 114

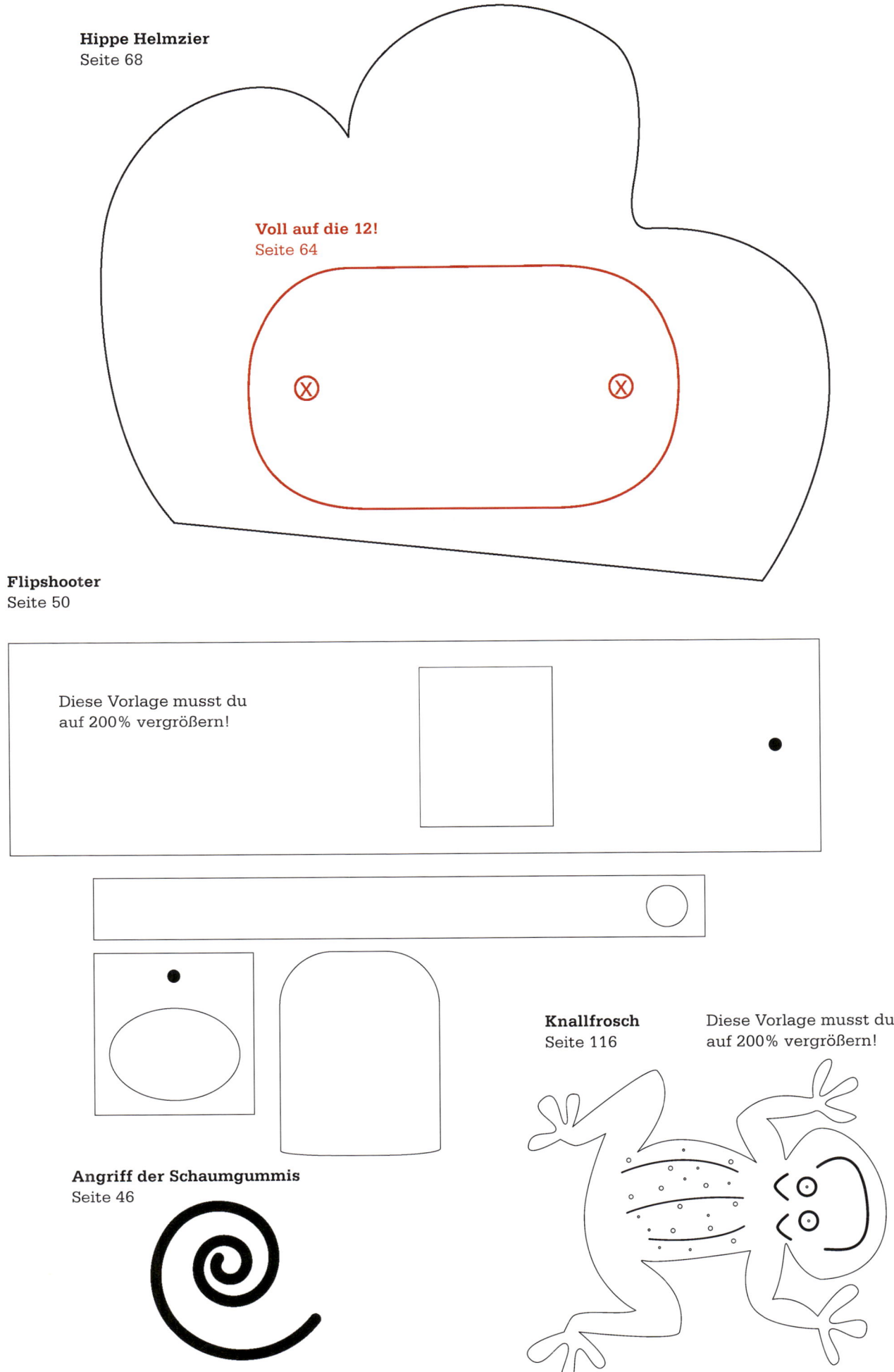

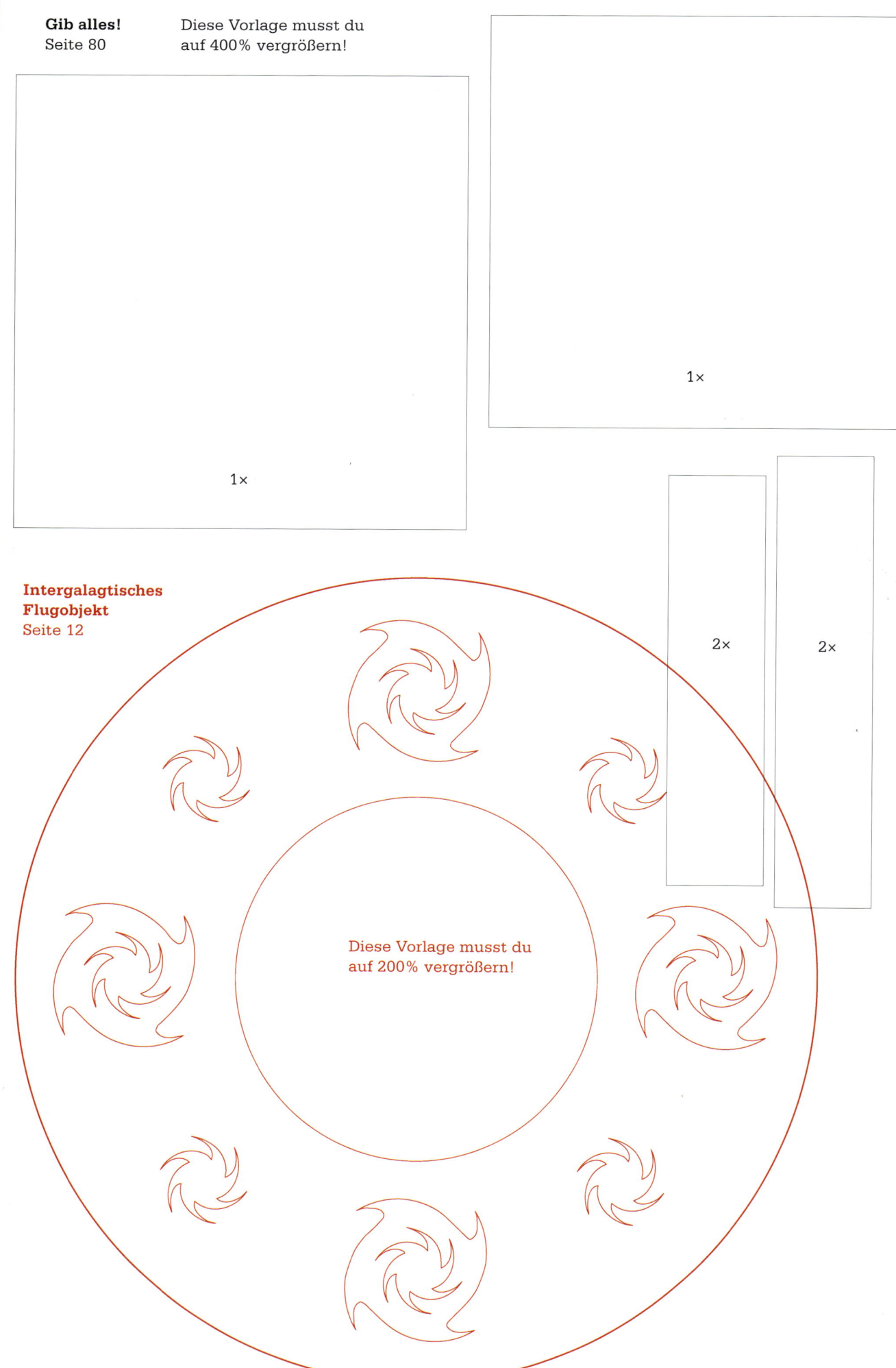

Gib alles!
Seite 80

Diese Vorlage musst du auf 400% vergrößern!

1×

1×

2×   2×

Intergalagtisches Flugobjekt
Seite 12

Diese Vorlage musst du auf 200% vergrößern!

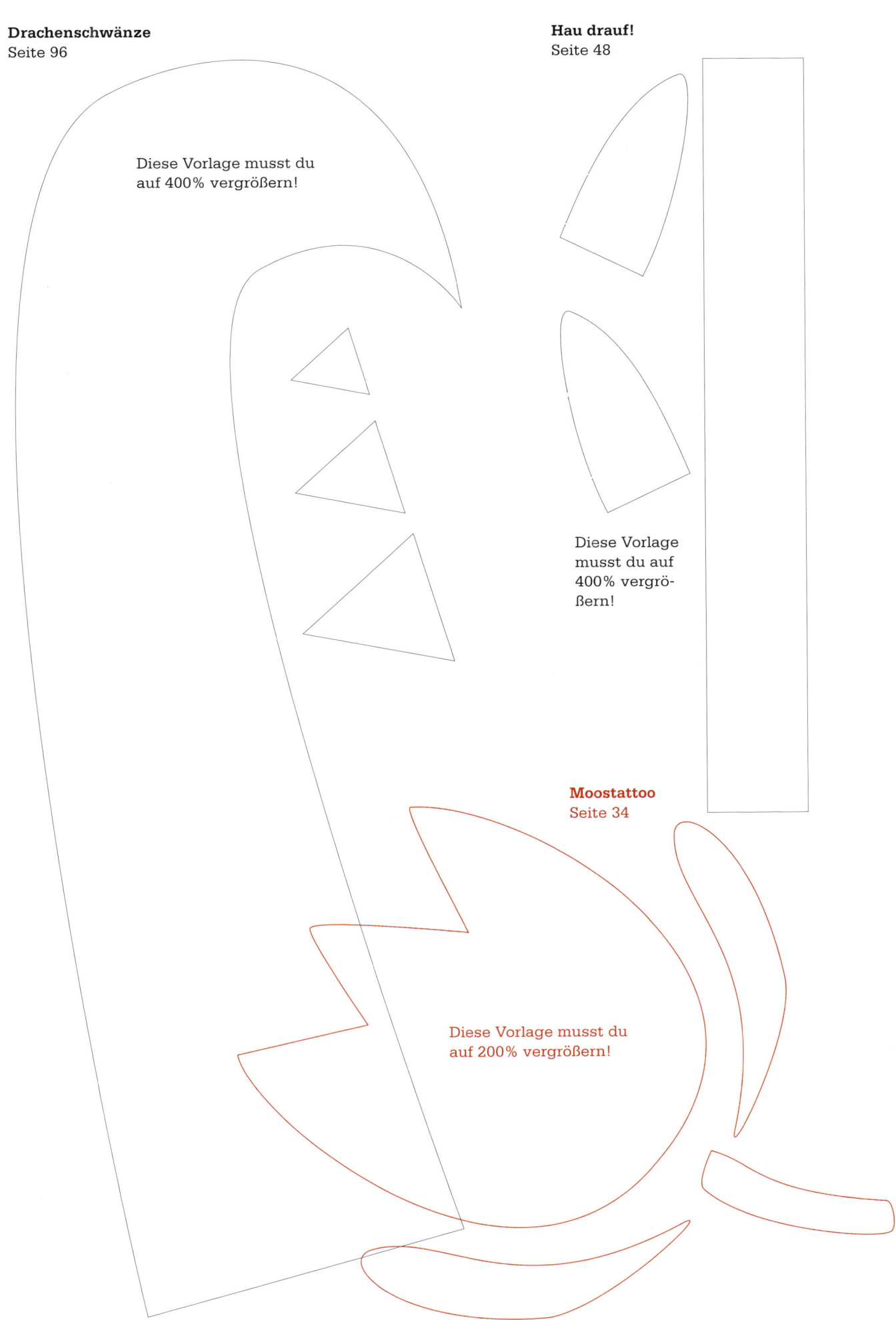

Tütendrache
Seite 16

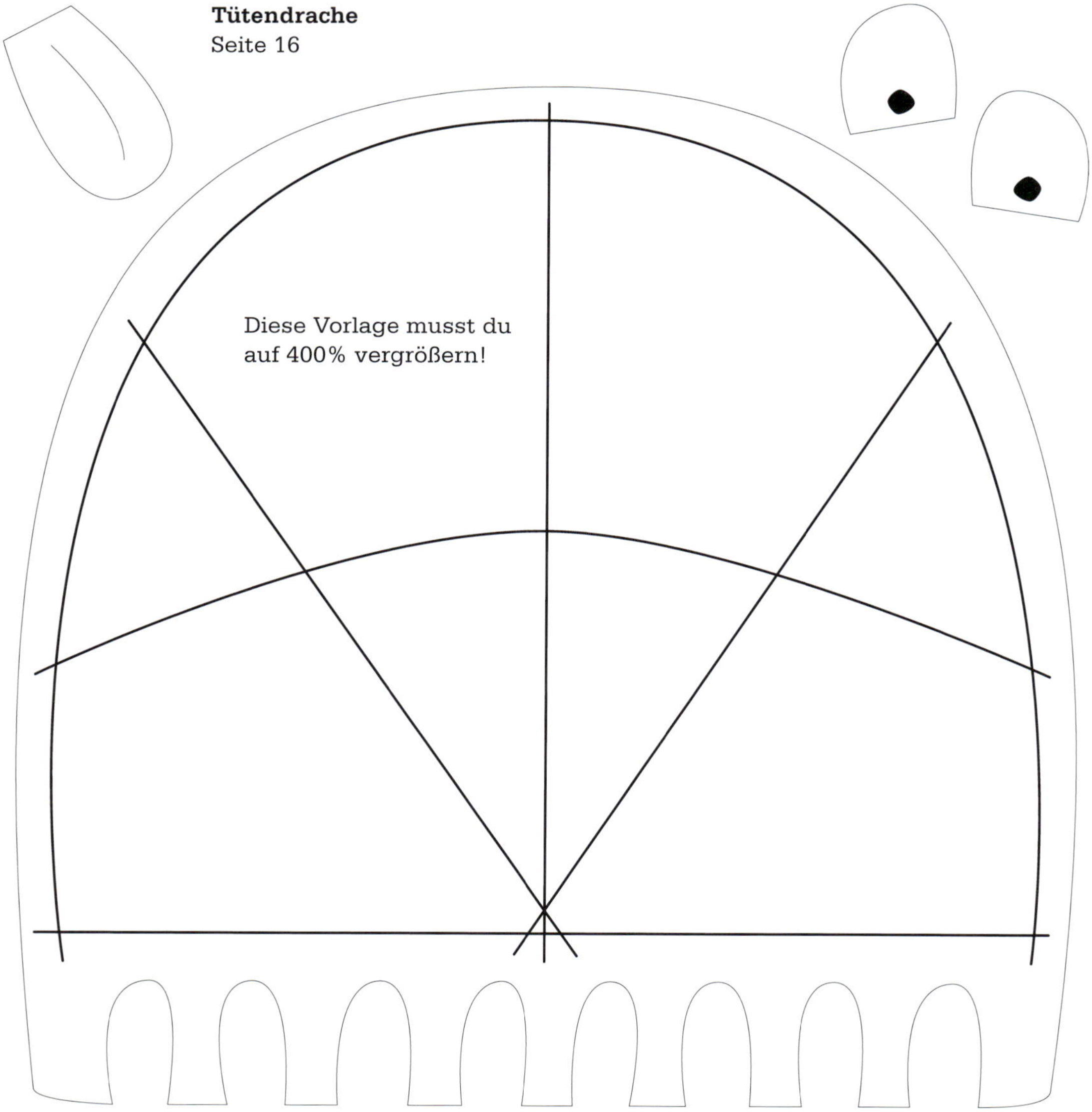

Diese Vorlage musst du
auf 400% vergrößern!

Tierische Trophäe
Seite 30

Diese Vorlage musst du auf 400% vergrößern!

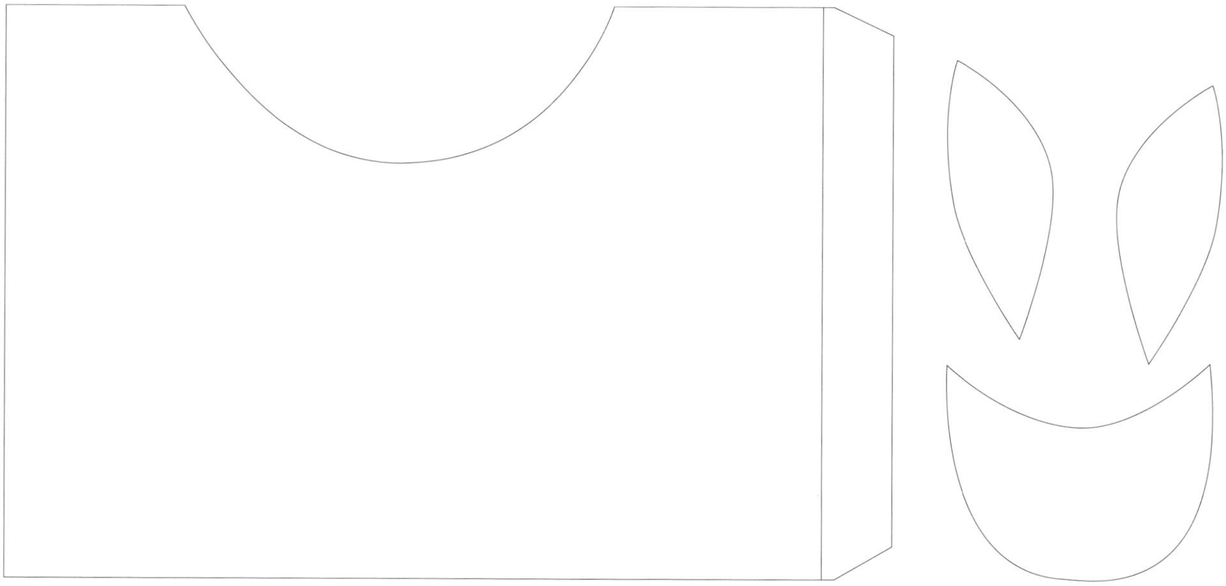

Baseball for kids
Seite 70

Wurmwunder
Seite 24

Diese Vorlage musst du auf 125 % vergrößern!

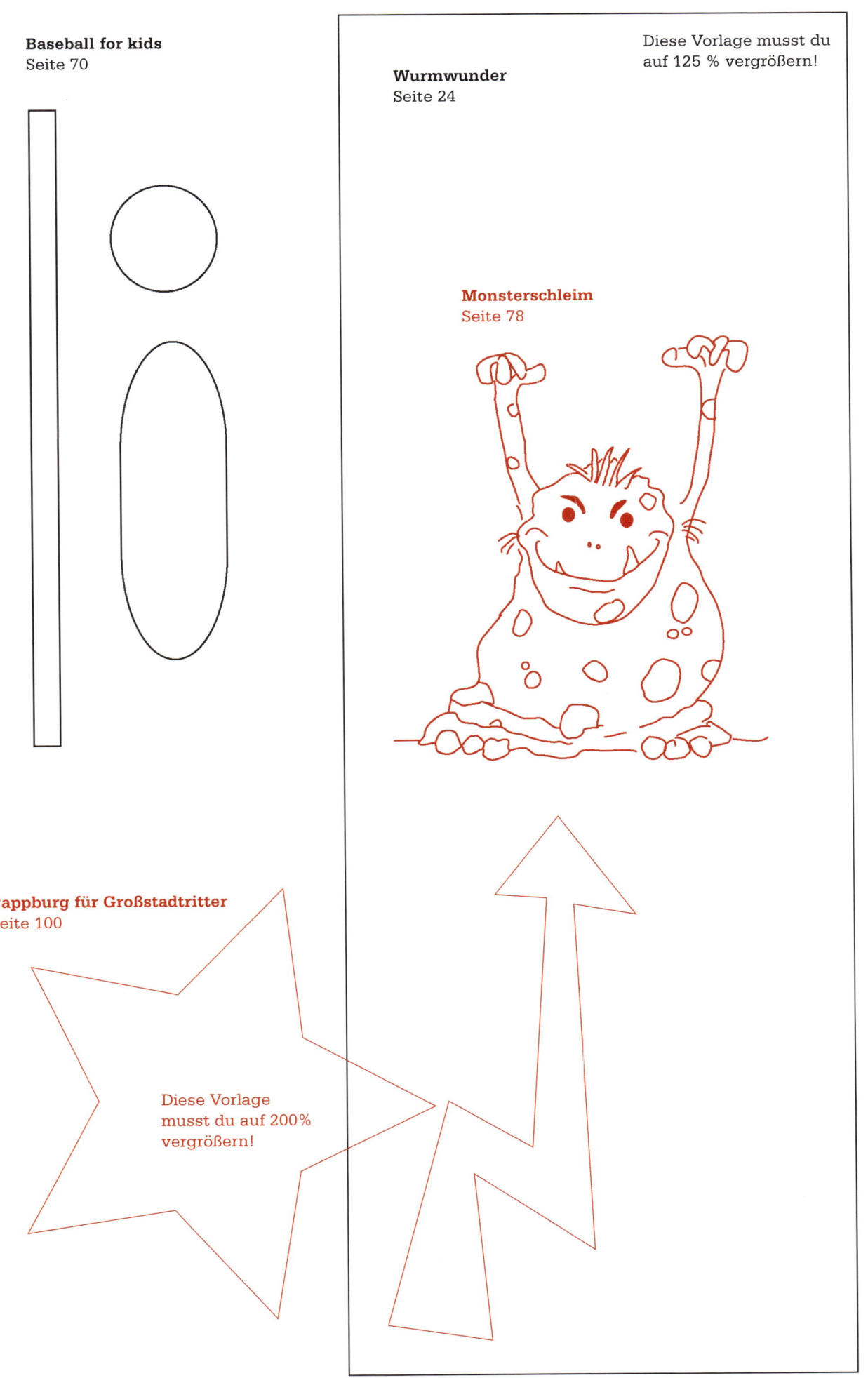

Monsterschleim
Seite 78

Pappburg für Großstadtritter
Seite 100

Diese Vorlage musst du auf 200% vergrößern!

Fang mich doch!
Seite 18

Diese Vorlagen musst du auf 330% vergrößern!

2×

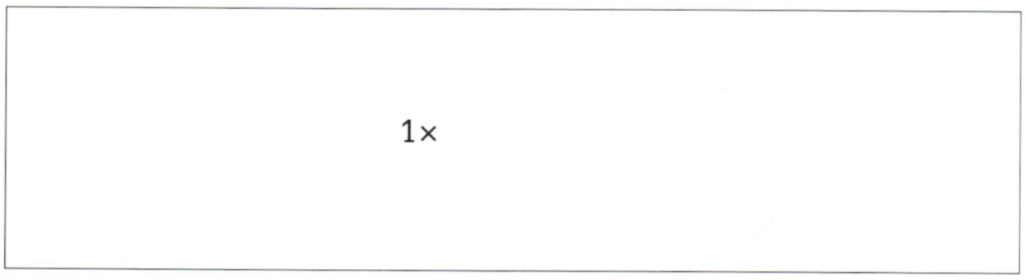

1×

2×
(davon 1× spiegelverkehrt)

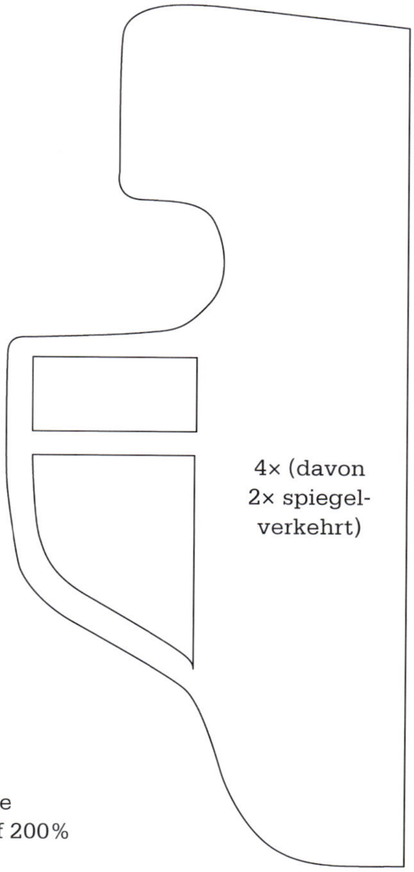

4× (davon 2× spiegelverkehrt)

Achse — 16 cm

1 cm | 3 cm vom Rand | 4 cm vom Rand | 4 cm vom Rand | 3 cm vom Rand | 1 cm

Mutter 1 | Mutter 2 | Mutter 3 | Mutter 3 | Mutter 2 | Mutter 1

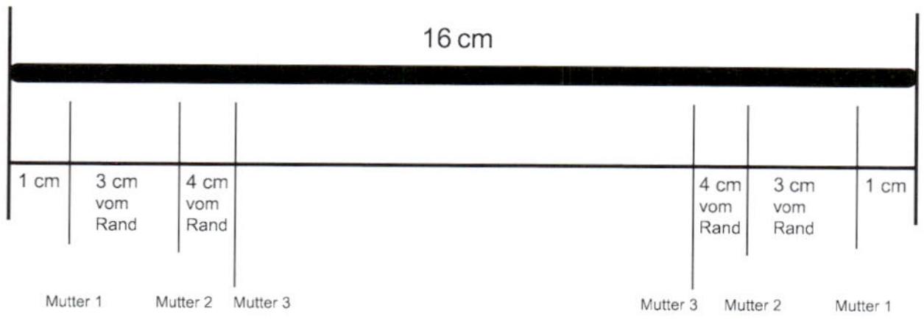

Diese Vorlage musst du auf 200% vergrößern!

Hufeisentapsen
Seite 14

Miese Tricks
Seite 39

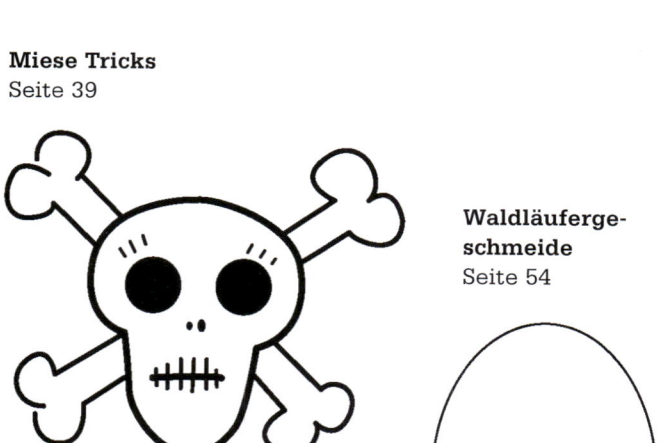

Waldläufergeschmeide
Seite 54

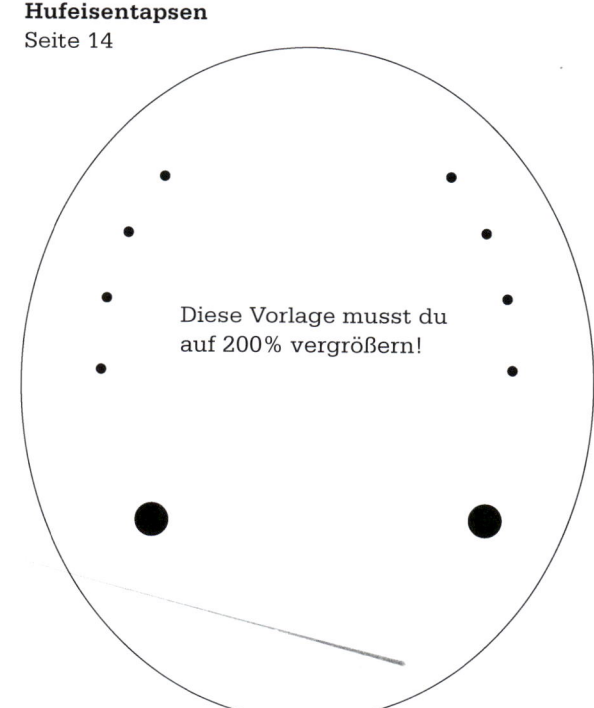

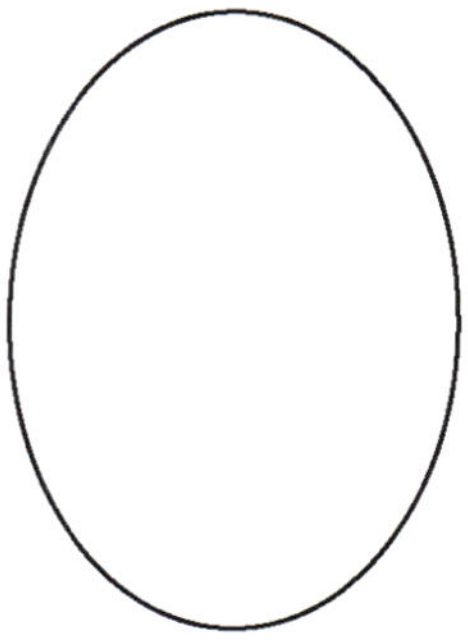

Diese Vorlage musst du auf 200% vergrößern!

128

Nacht-Pois
Seite 74

Keine Mädchen!
Seite 72

Diese Vorlage musst du auf 125 % vergrößern!

129

KREATIVE ABENTEUER – SPANNENDE BUCHTIPPS FÜR DICH:

TOPP 5754
ISBN 978-3-7724-5754-8

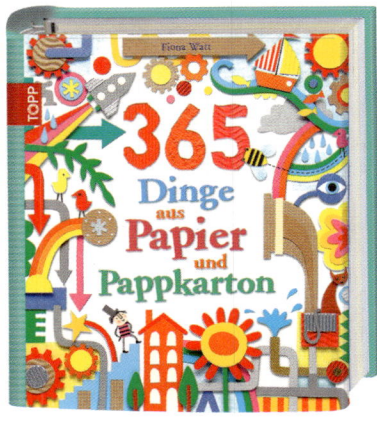

TOPP 5758
ISBN 978-3-7724-5758-6

TOPP 5755
ISBN 978-3-7724-5755-5

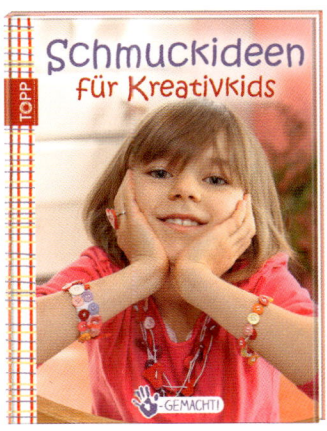

TOPP 5759
ISBN 978-3-7724-5759-3

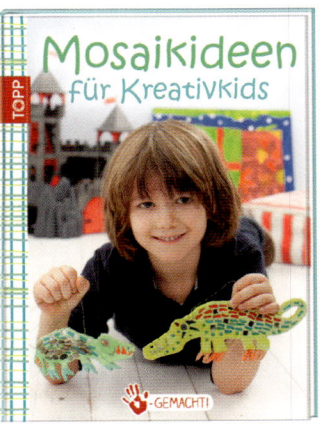

TOPP 5761
ISBN 978-3-7724-5761-6

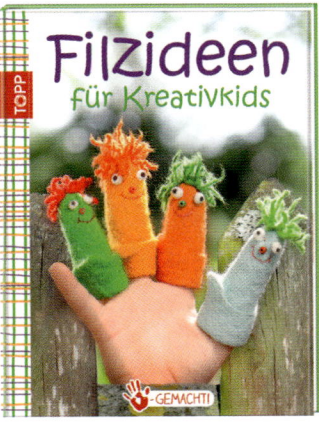

TOPP 5765
ISBN 978-3-7724-5765-4

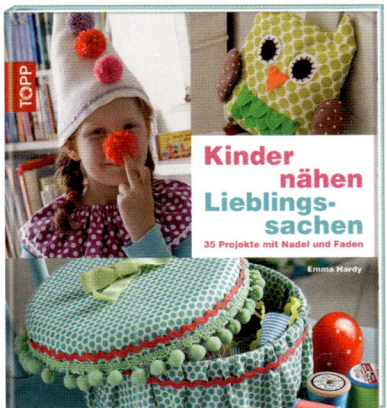

TOPP 5752
ISBN 978-3-7724-5752-4

TOPP 5722
ISBN 978-3-7724-5722-7

Hier findest du noch mehr Informationen zu unserem Programm:

www.topp-kreativ.de

IMPRESSUM

Franziska Heidenreich ist ausgebildete Mediengestalterin und Diplom Kommunikationspsychologin. Sie lebt mit ihrem Freund und dem gemeinsamen Sohn in Berlin. Wenn Sie gerade keine Vorlesungen im Bereich Ästhetik bzw. bildnerisches Gestalten hält, steht sie anderen Kreativen mit Rat und Tat, technischem und grafischem Know-how, psychologischem Fachwissen und motivierenden Worten zu Seite.

Bianka Langnickel ist ausgebildete Grafik-Designerin und hat an der Bauhaus-Universität Weimar Mediengestaltung/Medienkunst als Master studiert. Einen Ausgleich zum Digitalen findet sie im handwerklichen Verarbeiten unterschiedlichster Materialien, wobei es für sie keine Grenzen im Experimentierfeld gibt.

Mehr zu den beiden unter:
www.zwei-eck.com und
www.dawanda.com/shop/Zweieck

Über ein Feedback von kleinen und großen Lesern würden sich die Autorinnen sehr freuen!

Danke!
Für die freundliche Bereitstellung von Materialien bedanken sich die Autorinnen bei den Firmen Rayher (Laupheim), Heyda (Heilbronn), Buttinette (Wertingen), UHU (Bühl), Bullyland (Spraitbach) und Marabu (Tamm).

Die Redaktion bedankt sich bei den Models: Luis und Luis, Jonas und Jonas, John, Katharina, Leo, Finn, Philipp, Lucas, Klara, Nils, Felix, Julius, Eli, Behrouz, Silas, Svenja, Stella, Arman und Simon.

Hilfestellungen zu allen Fragen, die Materialien und Bastelbücher betreffen: Frau Erika Noll berät Sie. Rufen Sie an: 05052/911858*

*normale Telefongebühren

Konzeption, Projektmanagement und Lektorat: Anja Detzel
Layoutentwicklung: Anita Ortega und Karina Moschke, Stuttgart
Illustrationen: Anita Ortega, Stuttgart
Layoutumsetzung: Sophia Höpfner
Fotos: frechverlag GmbH, 70499 Stuttgart; lichtpunkt, Michael Ruder, Stuttgart (alle Modellfotos), Bianka Langnickel und Franziska Heidenreich (alle Arbeitsschrittfotos), www.fotolia.com (JRB, Coverzaun).
Druck und Bindung: Neografia, Slowakei

Materialangaben und Arbeitshinweise in diesem Buch wurden von den Autorinnen und den Mitarbeitern des Verlags sorgfältig geprüft. Eine Garantie wird jedoch nicht übernommen. Autorinnen und Verlag können für eventuell auftretende Fehler oder Schäden nicht haftbar gemacht werden. Das Werk und die darin gezeigten Modelle sind urheberrechtlich geschützt. Die Vervielfältigung und Verbreitung ist, außer für private, nicht kommerzielle Zwecke, untersagt und wird zivil- und strafrechtlich verfolgt. Dies gilt insbesondere für eine Verbreitung des Werkes durch Fotokopien, Film, Funk und Fernsehen, elektronische Medien und Internet sowie für eine gewerbliche Nutzung der gezeigten Modelle. Bei Verwendung im Unterricht und in Kursen ist auf dieses Buch hinzuweisen.
Lassen Sie Ihre Kinder nie unbeaufsichtigt extrembasteln!

1. Auflage
© 2012 frechverlag GmbH, 70499 Stuttgart
ISBN 978-3-7724-5753-1 • Best.-Nr. 5753